Gilbert Brands

Internetwahlen

Wie E-Voting funktioniert und

warum es die Politik verhindert

Dr. Gilbert Brands
26736 Krummhörn

Email: gilbert@gilbertbrands.de

ISBN-13: 978-1499774207

Inhaltsverzeichnis

Ein politisch unkorrektes Technikbuch

Man hat es heute in der Gesellschaft nicht leicht als Ingenieur/Naturwissenschaftler, wenn man sich zu aktuellen technischen Problemen äußert (die Betonung liegt auf <u>technischen</u> Problemen). Als Ingenieur ist man es gewohnt, pragmatisch und in Kausalketten zu denken, und das Nachvollziehen bzw. Nachrechnen dieser Schlüsse scheint/ist nicht nicht besonders schwer und jedem mit ein wenig gutem Willen und ein wenig Mühe möglich. Und bei Diskussionen möchte man natürlich anhand dieser Kausalketten verfolgt wissen, wo andere Optionen bestehen oder wo sich möglicherweise ein Denkfehler eingeschlichen hat.

Aber bei dem Begriff „Nachrechnen" fängt es bereits an: wehe, an der Kasse im Supermarkt werden die drei Joghurts mit 3 x 0,49 € eingebucht und nicht einzeln! Da endet für manche bereits die Möglichkeit, den Kassenzettel zu kontrollieren. Und in Diskussionen ist man mit Kausalketten auf verlorenem Posten und sieht sich gebetsmühlenartig wiederholten Ideologien ausgesetzt, während der eigentlichen Diskussion mangels Argumenten mit „da möchte ich jetzt nicht drüber sprechen" oder Begriffen wie „Nazi" aus dem Weg gegangen wird.

Dabei geht es in den meisten Fällen noch nicht einmal darum, in einer Diskussion Recht zu bekommen. Viele Themen sind eben gar nicht schwarz-weiß, sondern weisen irgendeinen Grauton auf. Auch die kann man in vielen Fällen pragmatisch bewerten und Kausalketten für und wider finden (das gilt ebenfalls für nicht-technische Themen, wobei hier der emotionalen Herangehensweise ein anderer Stellenwert bei kommt). Aber selbst eine Einbeziehung der gegnerischen Position in die eigene

Argumentation bringt nichts, denn an dem ursprünglichen Ziel einer Diskussion, eine Synthese, ist heute niemand mehr interessiert. Allenfalls ist eine Art von in der Regel faulem Kompromiss zu erreichen. Evidente Beispiele für irrationales Denk- und Diskussionsverhalten findet man bei den technisch-naturwissenschaftlichen Themen Energie, Umwelt und Klima, dem Leser wird bei ein wenig Nachdenken aber sicher auch das eine oder andere gesellschaftliche Thema einfallen, bei dem Logik in der öffentlichen Diskussion keine Rolle (mehr) spielt.

Politik wird im freiheitlichsten Deutschland aller Zeiten großenteils auf der Basis kruder Ideologien ausgeübt, und damit das klappt, geht man nicht nur Diskussionen mit verbalen Totschlagsargumenten wie Nazi, Ausländerfeind oder Antisemit aus dem Weg, zusätzlich wird das Volk von der Politik mehr oder weniger systematisch verdummt. Glauben Sie nicht? Nun, in einer Zeit, in der die Industrie angeblich nichts dringender sucht als Ingenieure, werden ausgerechnet im schwäbischen Musterländle von den Grünen, die derzeit (2014) das Sagen haben, die Naturwissenschaften an den Schulen abgeschafft und durch das Fach „Naturphänomene und Technik" ersetzt (in den unteren Schulformen ist das schon länger so, nun soll es ganz breit kommen). Das wird einfach so beschlossen, obwohl viele Pädagogen darauf hinweisen, dass gar kein Lehrpersonal für ein solches Fach vorhanden ist (das spricht nicht gerade für die Lehrer; der Hinweis, dass kein sinnvolles Konzept vorhanden ist, auf dem später aufgebaut werden kann, wäre weitaus hilfreicher). Bis zu „Schamanentum und Zauberei" ist es dann nur noch ein kleiner Schritt. Stellen Sie sich mal den Aufschrei vor, der durch die gleiche Gesellschaft gehen würden, wenn jemand Deutsch, Religion, Politik und Philosophie in einem Fach „Allgemeines Rumlabern" zu vereinigen suchte!

Gleichzeitig titeln selbst große Medien wie „Die Süddeutsche", wenn auch etwas versteckt, von der „Mär vom Ingenieurmangel", stehen doch 60.000 freien Stellen 30.000 arbeitslose Ingenieure und nochmals eine ähnlich große Zahl weiterer technischer Hochschulabsolventen in „prekären Arbeitsverhältnissen" gegenüber. „Steht Ingenieur drauf [auf dem Bachelorzeugnis], ist aber keiner drin" ist der knappe Kommentar vieler Unternehmen zu diesem Widerspruch, der damit ebenfalls im behaupteten Sinn aufgelöst wird.

Als Ingenieur/Wissenschaftler wird man heute meist gar nicht mehr ernst genommen. Niemand hört mehr auf Fakten, aber es wird verlangt (und sogar gerichtlich durchgesetzt), dass man den Glauben anderer Leute achtet und deren Glaubensinhalte nicht beleidigt. Wenn es um ethische oder persönliche Fragen geht, ist das ja in Ordnung, aber auch den unsinnigsten Glauben über das Wissen stellen? Der Gläubige darf um keinen Preis beleidigt werden, für die Beleidigung des Wissenschaftlers gibt es aber keine Grenzen? Die Erde ist eine Scheibe, und wer behauptet, sie sei eine Kugel, läuft Gefahr, einen Muslim zu beleidigen, weil Mohammed etwas anderes behauptet hat? Und wenn der oft notorisch beleidigte Muslim als Rache eine Todesfatwa ausstellt, bekommt man von den Verstehern in Politik und Medien statt Rückendeckung nur den Rat, beim nächsten Mal etwas vorsichtiger zu sein?

Im günstigsten Fall stößt man bei Diskussionen auf den guten/dummen Rat, sich doch „in den politischen Prozess einzubringen", wenn man seine Meinung (nicht Fakten, alles nur Meinungen) berücksichtigt sehen möchte. Mit „sich einbringen" ist entweder gemeint „wir suchen noch einen Dummen, der die Arbeit macht" oder das Einlassen auf Intrigenspielchen, bei denen vermutlich selbst der Hof Ludwig XIV vor Neid erblasst wäre. Wie schon C.N. Parkinson konstatierte, sind Politiker 2 von 8 Arbeitsstunden damit beschäftigt, ihren Kollegen ans Bein zu pinkeln, die restlichen 6 Stunden damit, die Pinkelversuche anderer abzuwehren (ich glaube, seine Bilanz war noch schlchter). Für Sachinformationen ist da keine Zeit, wie etwa die zukünftige Exbundeskanzlerin Angela Merkel demonstriert, wenn sie sich ausgiebig öffentlich sehr abfällig über die Werke von Thilo Sarrazin äußert, ohne je einen Blick in eines der Bücher (bei amazon und anderen Internethändlern möglich) geworfen zu haben oder dies in Zukunft tun zu wollen („mir reicht, was ich in der Zeitung lese"). Und diese Ignoranz ist absolut öffentlich und kommt dazu noch von höchster Stelle! Warum sollte das niedere Volk verständiger reagieren, wenn die Spitze forsch vorangeht?

„Sich einbringen" in die Politik funktioniert bei kaum einem Ingenieur (und noch nicht einmal bei allen Politologen, wie ich aus meiner Verwandtschaft weiß), oder man ist so wie Frau Merkel. Immerhin ist sie promovierte Physikern – angeblich, möchte man vermuten. Die Politik, die sie betreibt, geht allerdings derart ignorant mit physikalischen Gesetzen und physikalischer Denkweise um, dass man, um einen Vergleich zu haben, schon an einen Germanisten denken muss, der, nach Göthe gefragt, erstaunt die Augenbrauen hebt und bekannt gibt, er könne schließlich nicht jeden Schreiberling von Groschenromanen kennen. Man weiß nicht so richtig, ob man diese völlige Verdrängung der früheren Identität bei Frau Merkel nun bewundern oder einfach nur ekelhaft finden soll.

Politik ist meist nichts für den echten Ingenieur, und er hält sich denn auch in der Regel nach dem Motto „Der Klügere gibt nach" zurück, um elementare Unhöflichkeiten zu vermeiden. Allerdings kommt dann der zweite Teil der vermeintlichen Weisheit zum Tagen: „... und zum Schluss haben die Idioten das Sagen". Genau da sind wir inzwischen angekommen.

Trotz aller Ignoranz schreitet die Technik unverdrossen fort und wird gleichzeitig aufgrund der zunehmenden Technikverständnislosigkeit immer geheimnisvoller. Konnte früher jeder normale Hobbyschrauber sein Moped zerlegen und wieder zusammen bauen, reicht es heute noch nicht einmal dafür, bei seinem IPhone die elementaren Sicherheitsfeatures zu aktivieren (die NSA dankt allen Internet-Nutzern hierfür), und selbst bei Informatikern an Hochschulen ist es nicht möglich, die Professoren zum Verschlüsseln von Emails zu überreden.

Als Techniker kann man trotzdem versuchen, den einen oder anderen technischen Prozess so zu erklären, dass jeder ihn verstehen kann/können sollte. Hier in diesem Büchlein nehme ich mir eine Schnittstelle zwischen Technik und Politik/Gesellschaft vor: die Möglichkeiten, demokratische Abstimmungen per Internet unter Beachtung aller Anforderungen durch zuführen. Das Thema hat gegenüber der Verschlüsselung von Emails, die immerhin einige zusätzliche Mausklicks verlangt, den Vorteil, dass man bloß sagen muss „find ich toll, will ich haben". Der Rest läuft auf die Bedienung einer neuen App heraus, und das dürfte ja kein Problem sein. Und das Thema ist politisch-ideologosch auch so besetzt, dass es per Definition nicht funktioniert, womit wir wieder beim Anfang wären.

Für den Gegenbeweis, dass es nämlich doch funktioniert, kommt im Folgenden eine Darstellung der Technik auf Sie zu, aber so abgefasst, dass man auch ohne einen Abschluss in einer Ingenieurwissenschaft alles nachvollziehen kann. Drumherum werden auch die Anforderungen an demokratische Wahlen ausführlich vorgestellt, die von der Technik erfüllt werden (müssen) und das politische Kartenhaus des definitionsgemäßen Nicht-Funktionierens von Internetwahlen in sich zusammenstürzen lassen.

Gleichzeitig wird die Diskussion des Drumherums auch eine Abrechnung mit dem Politikbetrieb, der nichts lieber tut, als die Demokratie- und Freiheitsfloskel auf den Lippen zu führen und sich gleichzeitig an fast nichts von dem hält, was er da propagiert. Der hat nämlich heftig zu verlieren, wenn eine solche Technik kommt, und das sollte man wissen, wenn man verstehen will, weshalb die Gegenwehr so intensiv ist. Für die Demokratie andererseits wäre es ein dringend notwendiges Facelifting. In dem Sinne ist fast alles, bereits dieses Einführungskapitel eingeschlossen, politisch unkorrekt, wenn es sich nicht um Technik handelt.

E-Voting ?

Im Zeitalter des Internets, wo selbst Steuererklärungen und Beziehungsanbahnungen über den heimischen PC abgewickelt werden, mutet es schon etwas eigenartig an, dass das Kernstück der so genannten Demokratie, die Wahl der Parlamente und Regierungen, immer noch per Papier durchgeführt werden. Dabei stehen Wahlverfahren unter Nutzung des Internets im Ruf, schneller und kostengünstiger zu sein als die traditionellen Wahlverfahren und eine direkte Beteiligung der Wähler an Entscheidungen recht einfach zu ermöglichen.

Von Fall zu Fall fragen junge mit dem Internet aufgewachsene Menschen, wann denn die Internetwahl kommt, und von Fall zu Fall macht die Politik als Antwort das Fass E-Voting auch auf, wenn der Druck wieder steigt, und nicht von Fall zu Fall sondern mit schöner Regelmäßigkeit kommt dabei heraus, dass E-Voting (angeblich) nicht funktioniert: es kann leicht gefälscht werden, kann sabotiert werden usw. Und prompt schließen sich die vormals fordernden Stimmen dieser Meinung an, und das E-Voting kommt nicht, und Internetwahlen schon gar nicht. Selbst Experten wie der Chaos Computer Club machen bei diesem Spielchen mit und weisen nach, wie leicht die Wahlcomputer zu manipulieren sind – ohne allerdings darauf hinzuweisen, dass das, was sie da getestet und für ungeeignet halten, mit echtem E-Voting oder Internetwahlen nichts zu tun hat.

Um das nachzuweisen, ist erst einmal eine Begriffsklärung notwendig: gefragt wird nach Internetwahlen, geantwortet wird mit E-Voting. Wird da nur ein halbwegs deutscher Begriff durch einen englischen ersetzt?

Jain. E-Voting oder „electronic voting" im Sinne dieses Buches bzw. der jungen Fragenden ist ein Wahlverfahren, bei dem der Wähler bequem vom heimischen PC oder inzwischen auch unterwegs von jedem Ort der Welt mit dem IPad oder dem IPhone (bzw. den entsprechenden Wettbewerbsprodukten Notebook, Tablet oder Internet-Handy; im Weiteren werde ich mich verbal auf IPhone und IPad beschränken und darauf bauen, dass jeder weiß, dass das keine Werbung für bestimmte Produkte ist) an einer Wahl zu einem Stadt-, Landes- oder Bundesparlament oder an sonstigen Abstimmungen teilnehmen kann.

Der englische Begriff E-Voting ist dabei etwas unglücklich oder glücklich, je nach Perspektive, gewählt. Eigentlich müsste es ja I-Voting, also „internet voting", heißen, und auch diesen Begriff findet man in den Suchmaschinen. Historisch ist zunächst der Begriff „E-Voting" entstanden, und hinterher ist es dabei geblieben. Gemeint im ursprünglichen Sinn waren Wahlen „mit elektronischen Hilfsmitteln", worunter man nicht unbedingt die Nutzung des Internets verstehen muss, wenngleich das natürlich auch unter den Oberbegriff passt. Politisch ist das Wortspiel aber ein brauchbares Vehikel, das Internet aus der Diskussion zu katapultieren, weshalb jeder Politiker spontan von Internetwahl zu E-Voting wechselt. Schließlich ist man ja international aufgestellt.

Eine ähnliche übersetzungstechnische Wortblüte ist die „erneuerbare Energie", ein Begriff, der physikalisch so unsinnig wie möglich ist und auf der unglaublichen Sprachkompetenz einiger Journalisten beruht, also weniger auf Absicht denn auf Unfähigkeit beruht. Der englische Begriff „sustainable energy" wurde nämlich nicht mit dem ursprünglichen Begriff „nachhaltige Energie" übersetzt (die erste Übersetzung vom Deutschen ins Englische war somit korrekt), sondern aus unerfindlichen Gründen mit erneuerbar = renewable. Interessanterweise hat wikipedia.de inzwischen auch den Begriff „sustainable energy" wieder ausgegraben, während der englische Sprachraum, nun in korrekter zweiter Rückübersetzung des Rückübersetzungsfehlers,

10

in breiter Front auf „renewable energy" eingestiegen ist. Die Chance, sich als Deutsche zumindest hier als besonders blöd zu outen, ist damit vertan. Weshalb allerdings Naturwissenschaftler und speziell Physiker den Begriff so völlig ohne Widerspruch geschluckt haben, ist mir ein Rätsel, hat aber Methode, da es viele weitere Beispiele gibt, in denen ideologischer Wortunsinn bedenkenlos nachgeplappert wird.

Wenn von Internetwahl die Rede ist und von der Politik beim Eingehen auf das Thema vom „Ausprobieren des E-Votings" gesprochen wird, beschränkt sich das Ausprobieren auf einen PC oder ein anderes elektrisch/elektronisches Gerät, das im Wahllokal in der Wahlkabine steht und anstelle des üblichen Bleistiftes zu bedienen ist. Man kreuzt mit der Maus oder dem Finger auf einem Touchscreen die Leute und Parteien an, die man wählen möchte, anstatt das auf dem Wahlzettel zu machen. E-Voting im Sinne von I-Voting hat in der politischen Nomenklatur nichts zu suchen, weil es ideologisch-definitionsgemäß nicht funktioniert, und wenn sich dieser Sinnzusammenhang nicht vermeiden lässt, geht es ausschließlich darum, die Ideologie zu verifizieren. Selbst wenn der Begriff Internetwahl verwendet wird, schießt sich die Behandlung des Themas schnell auf E-Voting im politische Sinn ein und beschränkt den Internetbegriff auf die Übertragung der Ergebnisse per Internet. E-Voting im politischen Sinn hat den Vorteil, tatsächlich nicht sicher zu funktionieren, liefert also gewissermaßen den Beweis für die Ideologie. Sehen wir uns das genauer an.

Der einzige Vorteil eines nicht-I-Votings mit Elektronik in der Wahlkabine ist das Entfallen des Auszählens am Ende des Wahltages. Die ersten, die sich so etwas haben einfallen lassen, sind die US-Amerikaner, bei denen viele Wahlen mit Hilfe solcher Wahlcomputer durchgeführt werden. Teilweise handelt es sich noch nicht einmal um echte Computer, sondern um Lochkartenmaschinen, mit denen der Wähler durch Tastendruck oder gar per Hand Löcher in eine Pappkarte stanzt, die hinterher durch eine Lesemaschine ausgewertet werden.

Vermutlich werden einige Leser die Lochkarten-Technik aus den Anfangstagen der Computertechnik nicht mehr kennen, denn sie ist seit Ende der 1970er/Anfang der 1980er Jahre aus dem IT-Geschehen mit Verfügbarkeit der ersten Floppy-Disks weitgehend verschwunden. Floppy-Disks waren damals noch 8"-Disketten, die sich im Laufe der Jahre über 5" auf 3,5" verkleinerten und inzwischen ebenfalls mehr oder weniger komplett verschwunden und durch Memory-Sticks ersetzt sind. Für diejenigen, die heute die Schule abschließen oder sich in einem Studium befinden, ist daher selbst der Begriff Floppy-Disk oder Diskette möglicherweise ein Wort, dass sie nur mit ihren Großeltern noch in Verbindung bringen können.

Der Vorteil jeglicher Papiertechnik ist die einfache, zur Not auch ohne Maschinen mögliche Auswertbarkeit und die lange Haltbarkeit, die bei Wahlen allerdings keine Rolle spielt. Durch geschickte Gestaltung des Wahlvorgangs ist es den Amerikaner allerdings gelungen, selbst das an sich narrensichere Lochkarten-System fälschbar zu machen: die Löcher müssen teilweise vom Wähler von Hand mittels eines Stiftes gestanzt werden, anstatt eine Maschine dazu zu verwenden, und den US-Spezialisten ist es bei den Bush-Wahlen gelungen, ein paar tausend alles entscheidende Stimmen selbst in mehreren Monaten nicht richtig verrechnen zu können, ganz abgesehen von Stimmen von US-Militärangehörigen im Ausland, die immer noch ungezählt irgendwo herumliegen oder in einem Heizkraftwerk gelandet sind. Wer die Bush-Wahlen verfolgt hat, weiß, dass allein diese Stimmen bei korrekter Auszählung zu einem anderen (aber nicht unbedingt besseren) Präsidenten gesorgt hätten.

Neben dem mechanischen bedienen die US-Amerikaner aber auch das elektronische Modell: das US-Unternehmen Diebold liefert traditionell so etwas ähnliches wie PCs zur elektronischen

Auswertung der Wahlen, und hier muss der Wähler tatsächlich vor Ort einen Rechner bedienen. Die Firma Diebold hatte den US-Behörden bei der Entwicklung der Geräte natürlich hoch und heilig versprochen, alles korrekt zu programmieren und umzusetzen, allerdings durfte das niemand, die US-Administration eingeschlossen, kontrollieren, weil die Software durch das Urheberrecht geschützt war/ist (erinnert das den Leser eventuell an eine andere bekannte US-Softwarefirma, deren Namen in der deutschen Übersetzung so ähnlich wie „Kleinstweich" klingt und deren Softwarefehler ebenfalls sämtlich urheberrechtlich geschützt sind? Das Unternehmen hat Anfang der 2000er Jahre mehrere andere Unternehmen wegen Verletzung des Urheberrechts verklagt, weil diese auf schwere Sicherheitslücken hingewiesen hatten, diese Kenntnis aber nur durch so genanntes Reverse Engineering, also Analyse der MS-Software, gewinnen konnten).

Die Wahlergebnisse des Wahlvorgangs auf den Diebold-Maschinen wurden anschließend über das Internet auf Diebold-Server übertragen, wobei die Übertragung und die Server selbst nach Ansicht von Experten gegen Manipulationen und Hackerangriffe etwa so gut abgesichert waren wie eine offene Benzinlache in einer Schweißerei. In einer Analyse von Ariel J. Feldman, J. Alex Halderman und Edward W. Felten aus dem Jahr 2006 heißt es dazu:

> This paper presents a fully independent security study of a Diebold AccuVote-TS voting machine, including its hardware and software. We obtained the machine from a private party. Analysis of the machine, in light of real election procedures, shows that it is vulnerable to extremely serious attacks. For example, an attacker who gets physical access to a machine or its removable memory card for as little as one minute could install malicious code; malicious code on a machine could steal votes undetectably, modifying all records, logs, and counters to be consistent with the fraudulent vote count it creates. An attacker could also create malicious code that spreads automatically and silently from machine to machine during normal

election activities — a voting-machine virus. We have constructed working demonstrations of these attacks in our lab. Mitigating these threats will require changes to the voting machine's hardware and software and the adoption of more rigorous election procedures.

Diebold-Maschinen werden seit den frühen 1990er Jahren in den USA verwendet – mit teilweise recht eigenartigen Wahlergebnissen. In der englischsprachigen wikipedia wird eine Liste der Merkwürdigkeiten bei verschiedenen US-Wahlen geführt, wobei die Ereignisse im Laufe der Jahre nicht seltener geworden sind. So erhielten beispielsweise bestimmte Kandidaten mehr Stimmen als überhaupt abgegeben wurden, wurden mehr Wahlberechtigte in den Listen verzeichnet als im Bezirk wohnten, tauchten selbst seit längerer Zeit Verstorbene immer noch in den Wählerlisten auf, und Ergebnisse entsprachen mehr oder weniger exakt denen der vorhergehenden Wahl.

Laut einer anderen Analyse aus den späten 1990er Jahren – der Autor hatte sich zuvor aus den USA nach Australien abgesetzt (Mr. Snowden lässt grüßen) und der Bericht ist inzwischen nicht mehr ganz einfach zu finden – waren solche Ergebnisse nicht nur Folgen irgendwelcher Hackerangriffe, sondern angeblich sogar bei der Systemkonstruktion geplant: wie der Autor behauptete, wurde alles einschließlich der Stimmenauszählung mit Hilfe einfacher Excel-Tabellen abgewickelt, wobei auf dem System aber zwei Sätze solcher Tabellen zu finden gewesen sein sollen. Aus beiden konnte dann angeblich innerhalb eines gewissen Rahmens ein Wunschergebnis gemischt werden, ohne allzu sehr aufzufallen. Ob diese Behauptung in dieser Spannbreite tatsächlich zutrifft, sei einmal dahin gestellt, und natürlich sind selbst dann nicht alle Ergebnisse falsch, aber zumindest in einigen Bezirken wurde/wird wohl derart dreist gemogelt, dass es auffiel/auffällt und zu der wikipedia-Liste führte.

Obwohl die Vorkommnisse bei US-Wahlen ein alter Hut sind und die Amerikaner offenbar keinen Abstand von solchen Techniken nehmen, hat man mit einer ähnlichen äußeren Methodik –

Computer mit irgendeiner Software wurden in die Wahllokale gestellt – auch in Deutschland einige „Tests" mit E-Voting durchgeführt. Wenn man die Vorgehensweise einmal in eine Reihe mit anderen Aktionen stellt wie

- Einwegpfand – hat sich zuvor bereits in Skandinavien als Flop bezüglich der Zielsetzung „mehr Mehrweg" herausgestellt,

- Autobahnmaut – man musste unbedingt auf die eigene Schnauze fallen anstatt funktionierende Systeme aus Österreich oder der Schweiz zu übernehmen,

- Umweltzonen – hat außer ein paar Einnahmen für die Städte nichts für die Umwelt gebracht,

- „erneuerbare Energien" – können nach wie vor weder theoretisch noch praktisch die Anforderungen erfüllen

- …

kann man sich fragen, ob die Leute einfach nur blöd sind oder ein Plan dahinter steht. Wenn man E-Voting nicht will, steht natürlich ein Plan dahinter, und die US-amerikanischen Ergebnisse sind natürlich eine großartige Steilvorlage, um den Nachweis der Unsicherheit solcher Wahlverfahren zu führen, aber ein wenig Blödheit benötigt man von anderen zusätzlich.

Diese Rolle kommt Organisationen wie beispielsweise dem Chaos Computer Club zu. Da solche Maschinen in Wahllokalen von wenig kompetentem Personal bedient werden müssen und obendrein ein ziemlicher logistischer Aufwand darum herum zu treiben ist, fiel es den Nerds vom CCC nicht sonderlich schwer, in „Tests" nachzuweisen, dass hier jede Menge Raum für alle möglichen Manipulationen ist. Die Geräte werden nachts nicht beaufsichtigt, stehen aber in Gebäuden, zu denen eine größere Anzahl von Personen Zugriff hat, sie sind gegen Manipulationen der Software nicht besonders abgesichert, und weitere Kleinigkeiten, mit den das Ergebnis beeinflusst werden kann.

Dabei hat der CCC noch nicht einmal besonders darauf hingewiesen, dass mit solchen Maschinen mit Leichtigkeit eines der wesentlichen Prinzipien von Wahlen, die Geheimhaltung der Wahlentscheidung des Einzelnen, zu umgehen ist. Die Aufsicht muss den Wähler kontrollieren (er darf ja nur einmal wählen) und den Computer für eine einzeln Stimmabgabe freischalten. Läuft die Kontrolle der Wähleridentität ebenfalls auf irgendeine Weise maschinell gestützt, ist es ein Leichtes, eine Stimme einem Wähler zuzuordnen.

Was der CCC in seinen Kommentaren nicht realisiert (und hier wird die politische Hoffnung, dass ein Nerd nicht in der Lage ist, die Realität weit genug zu durchschauen, erfüllt): diese „Test" haben nichts mit E-Voting im Sinne einer Internetwahl zu tun, sondern es handelt sich um traditionelle Verfahren mit etwas moderneren Mitteln, gewissermaßen das Umhüllen eines Faustkeils mit einer griffigen Kunststoffhülle, um das Verletzungsrisiko zu mindern und die Griffigkeit zu verbessern, ohne allerdings das Kernstück „Faustkeil" wirklich anzufassen. E-Voting, wie es heute zu verstehen ist und von Leuten, die sich fragen, wo es bleibt, auch verstanden wird, ist hingegen ist ein Wahlverfahren, das komplett über das Internet abgewickelt wird, wobei sämtliche Anforderungen an das demokratische Wahlverfahren zu erfüllen sind.

E-Voting im Sinn einer Internetwahl ist nicht etwa eine neue Idee der letzten Jahre, für die man verzweifelt nach Realisierungsmöglichkeiten suchen müsste. Die entsprechenden theoretischen Verfahrensteile existieren seit den 1990er Jahren, also bereits seit den Zeiten der Wahlen mit elektronischen Hilfsmitteln, und bereits knapp nach der Jahrtausendwende haben wir in meiner Arbeitsgruppe an einer Fachhochschule eine komplette funktionsfähige Anwendung als Studentenprojekt entwickelt (und nicht nur wir, andere haben das vor und nach uns natürlich ebenfalls gemacht). Die Ausrede „gibt es nicht" oder „wussten wir nicht" gilt also nicht. Klar dass man sich fragt, warum sich eigentlich nichts in der richtigen Richtung tut, zumal es eben weder neu noch sonderlich kompliziert ist.

Wenn man dieser Frage in der Praxis nachgeht, stellt man jedoch fest: weder das zuständige Bundesamt für Sicherheit in der Informationstechnik (BSI) noch irgendwelche Politiker sind dafür zu interessieren – im Gegenteil: das BSI schrieb in den früher 2000er Jahren sogar einmal eine Arbeitsgruppe für diese Thematik aus, aber auf eine Bewerbung mit den Hinweis auf eine bereits entwickelte lauffähige Demo-Version erhielten wir noch nicht einmal eine Eingangsbestätigung, geschweige denn eine Ablehnung oder eine sonstige Äußerung.

Wenn man die Ablehnung einmal nicht persönlich nimmt, sondern nach Parallelen sucht, ging es uns vermutlich so wie anderen bei technischen Projekten der Politik: wir haben schlicht die Voraussetzung, Theologie, Jura, Kunst, Soziologie oder Politologie studiert zu haben verfehlt und verfügen damit nicht über die formale Qualifikation, um bei Ingenieurthemen mitreden zu können (man kann das derzeit auch wieder bei der „Fachkommission für die Definition der Kriterien bei der Suche nach Endlagerstätten für radioaktive Abfälle" beobachten: Politiker, Gewerkschafter, Kirchenvertreter und Vertreter wichtiger gesellschaftlicher Gruppen [O-Ton in den Medien], Lobbyisten und weitere Interessenvertreter nicht gerade ideologiefreier Gruppen, aber bloß kein Physiker oder Ingenieur).

Diese sich in den letzten Jahrzehnten breit machende Tendenz, Fach-Wissenschaftler und Ingenieure durch so genannte „aner kannte Wissenschaftler" zu ersetzen, hat eine sehr klare Ursache: Fach-Wissenschaftler und Ingenieure halten sich an physikalische Gesetze oder präsentieren im Zweifelsfall Fakten und Schlussfol gerungen, die gewissen pragmatischen Überlegungen folgen, und die passen leider immer weniger zu den Ideologien, die von politi schen Parteien vertreten werden. Aus der ideologischen Ecke kommt man dort aber nicht heraus, wenn man sich nicht als „un glaubwürdig" outen will (in vielen Fällen eine Umschreibung für „ungebildet"), und versteift sich auf die Linie, physikalische Ge setze hätten sich Beschlüssen des Bundestags unterzuordnen. Da her berücksichtigt man nur noch Wissenschaftler, die die Ideolo gie bedienen, was man durch Fachfremdheit oder Winken mit Geldmitteln leicht erreichen kann.

Zwei Beispiele, wie weit die Politik dabei geht:

- Zu Beginn der Jugoslawien-Krise erläuterte ein Bundes wehr-General einer grünen Politikerin in einer Fernsehdis kussion, welche Konsequenzen die Umsetzung ihrer Vor stellungen haben würden. Da die Dame argumentativ in die Defensive geriet, beendete sie die Diskussion mit „Ich bin gewählt worden, ich habe zu entscheiden, und da brau che ich mich nicht nach der Meinung irgendeines Generals zu richten.". Der Rest ist bekannt: im Bundestag wurde in ihrem Sinn beschlossen, und die Karre fuhr genau in der Weise in den Dreck, die der General beschrieben hatte.

- Prof. Hans-Werner Sinn vom IfO-Institut der deutschen Wirtschaft gehört eigentlich zu den gerne zitierten Leuten der Politik, weil eben vieles aus seinem Mund im Sinn der Politik ist. Dummerweise entwischte ihm unlängst ein Vor trag mit dem Titel „Energiewende ins Nichts", in dem er detailliert vorrechnete, dass die Energiewende in Deutsch land nicht funktionieren kann. Außer Kosten und totaler Abhängigkeit von anderen Ländern kommt nichts dabei heraus. Der „Erfolg" dieses Vortrags, dem nicht wenige Po litiker bewohnten, war aber nicht eine Änderung der Stra tegien in der Energiepolitik, sondern ein (teilweises) Ver schwinden von Herrn Sinn aus den Kreisen „anerkannter Wissenschaftler", auf die sich die Politik gerne beruft.

Doch zurück zum Thema E-Voting, wie wir Internetwahlen im Rest des Buches der Kürze halber nennen werden: das ist in der echten Form anscheinend politisch unerwünscht. Aber kann es

18

überhaupt umgesetzt werden und welche Anforderungen muss es erfüllen? Dazu schauen wir uns an, wie es bei demokratischen Wahlen derzeit so zugeht/zugehen sollte.

Demokratische Wahlen

Bekanntermaßen stehen bei Wahlen zwei Möglichkeiten zur Stimmabgabe zur Verfügung: man begibt sich in das Wahllokal und kreuzt dort in einer mehr oder weniger dunklen, aber zumindest nicht einsehbaren Nische die Parteien und Politiker seiner Wahl auf dem Wahlschein an (oder lässt es bleiben oder schreibt etwas Unhöfliches drauf) und wirft ihn anschließend in die Urne, oder man beantragt eine Briefwahl und erhält den Wahlschein nach Hause zugeschickt, wo man ihn ebenfalls ausfüllt und per Post rechtzeitig, d.h. einige Tage vorher, an den Wahlausschuss schickt, der diese Voten dann zum Schluss mit zählt. Würde man echtes E-Voting als zusätzliche Möglichkeit etablieren, würde man ein elektronisches Dokument am PC, IPad oder IPhone (immer dran denken: I-Geräte sind hier nur Stellvertreter für die ganze Gruppe) ausfüllen und dieses ebenfalls an den Wahlausschuss senden, so dass auch diese Stimmen berücksichtigt werden. Da die Stimmen auf elektronischem Weg in eine elektronische Urne gelangen, kann die Auszählung dieses Teils ebenfalls elektronisch erfolgen.

Ohne nun mit allzu vielen lästigen Fachbegriffen hausieren zu gehen seien die Anforderungen an eine Wahl, die ja auch das E-Voting erfüllen muss, kurz erläutert. Im Grundgesetz sind folgende Regeln festgelegt.

1. **Allgemein.** Alle Bürger sind wahlberechtigt, soweit sie die allgemeinen Voraussetzungen dafür erfüllen. Keine Gruppe ist aus sozialen, politischen oder wirtschaftlichen Gründen von der Wahl auszuschließen.

2. **Unmittelbar.** Die Wählerstimmen werden direkt für die Zuteilung der Abgeordnetensitze verwendet. Es gibt keine Zwischeninstanz wie z. B. Wahlmänner wie in den USA.

3. **Frei.** Die Stimme kann frei von staatlichem Zwang oder sonstiger unzulässiger Beeinflussung abgegeben werden. Niemand wird wegen seiner Wahlentscheidung benachteiligt.

4. **Gleich.** Alle Wahlberechtigten haben gleich viele Stimmen zu vergeben. Alle Stimmen haben gleiches Gewicht.

5. **Geheim.** Es darf nicht feststellbar sein, wie der einzelne Bürger gewählt hat.

Diese Regeln treffen mit kleineren Ausnahmen und Ergänzungen auf demokratische Wahlen generell zu. Um alles richtig einzuordnen, seien noch ein paar Bemerkungen angebracht.

Das **allgemeine Wahlrecht** ist eine relativ neue Errungenschaft. Klassisch war oft ein Ständewahlrecht in Gebrauch, und in vielen Monarchien ist nach wie vor ein Zweikammersystem üblich, in dem sich die Mitglieder einer Kammer aus dem Adel rekrutieren (beispielsweise das House of Lords in Großbritannien). In den USA wurden bis in die 1970er Jahre Schwarze bei der Ausübung ihres formal seit 1870 bestehenden Wahlrechts massiv behindert, und die Schweiz hat ebenfalls sehr lange benötigt, auch den Frauen das allgemeine Wahlrecht flächendeckend einzuräumen.

Ständewahlrecht muss im Übrigen nicht unbedingt nachteilig sein. Auch im deutschen Kaiserreich gab es ein Ständewahlrecht, wobei der preußische Landjunker in der Regel nicht so ein abgehobener Snob war wie der sprichwörtliche französische Aristokrat, den man zu guillotinieren pflegte. Solche Leute hatten bei ihren Entscheidungen etwas zu verlieren, und entsprechend sorgfältig überlegten sie ihren Standpunkt. Marion Gräfin Dönhoff erwähnt in ihren Erinnerungen eine Vielzahl politische Korrespondenten, die einhellig der Meinung waren, nirgendwo so qualitativ hochwertige Diskussionen wie im preußischen Oberhaus angetroffen zu haben. In gewisser Weise findet man diesen Effekt heute auch in vielen mittelständischen Unternehmen, in denen der Eigentümer noch Chef ist und schon aus Eigennutz dafür sorgt, dass nicht solche Zustände einreißen wie in vielen turbokapitalistischen Aktiengesellschaften. Doch zurück zum Thema.

Das Wahlrecht wird noch unterteilt in aktives und passives Wahlrecht, also ob man selbst wählen darf oder gewählt werden kann. Das passive Wahlrecht ist teilweise an bestimmte Bedingungen geknüpft.

Für ein E-Voting spielt dies alles aber keine Rolle.

Das Prinzip der **Unmittelbarkeit** gilt nicht generell. In den USA stammt das Wahlrecht noch aus den vergangenen Jahrhunderten, in denen es rein aufgrund fehlender Kommunikationsmöglichkeiten kaum anders möglich war als mittels Wahlmännern zu wählen, die vor Ort die Mehrheit ermittelten und anschließend in Washington nicht die Zahl der Wähler bekannt gaben, sondern nur die Vorliebe ihres Bezirks für einen Kandidaten. Ein wenig „Demokratie" geht auf diesem Weg natürlich verloren, denn der Präsident der USA ist aufgrund dieses Wahlsystems in vielen Fällen nicht mit der Mehrheit der Wählerstimmen gewählt. Heute wirkt dieses Verfahren natürlich ziemlich überholt, aber politisch ist es wohl so vorteilhaft für die Kandidaten, dass es niemand in Frage stellt.

Auch bei uns sollte man sich vor Augen halten, dass die Unmittelbarkeit in dem Sinn, dass der Wähler Einfluss darauf hat, wer im Parlament sitzt, kleine Macken aufweist. Die Spitzenkandidaten unserer Parteien sind oft nicht von der Parteibasis gewählt, sondern über ein zum Teil mehrstufiges Abgeordnetensystem. Und wer uns in den Parlamenten vertritt, wird von den Vertretern selbst sehr genau kontrolliert. Die

Stimmen für eine Partei mögen um 10% oder mehr schwanken – die Leute, die hinterher öffentlich auftreten, sind immer die selben. Nur Hinterbänkler, die nichts zu sagen haben (wenn sie eine zweite Chance bekommen wollen), werden ausgetauscht. Achten Sie mal darauf!

Aber das ist nur eine Systemkritik. Für E-Voting ist das alles uninteressant.

Zum Prinzip der **Freiheit** zählt bei uns auch, nicht zur Wahl gehen zu müssen. Statt den Wahlzettel ungültig zu machen darf man auch einfach wegbleiben. Das Verfassungsgericht hat diese Option ausdrücklich bestätigt, und wer behauptet, diejenigen, die nicht zur Wahl gingen, hätten damit auch ihr Recht verwirkt, später ihre Stimme zu erheben, liegen voll daneben.

Es gibt sogar gute Gründe, nicht zur Wahl zu gehen, denn in Bezug auf die Begriffe „Wahlbeteiligung" und „gültige Stimmen" wird kräftig gemogelt. Beispielsweise wird immer so getan, als hätten alle, die zu einer Wahl gehen, auch eine der Parteien gewählt. Gehen 60% der Bürger zu Wahl, unterstützen diese 60% angeblich die agierenden Politiker und man beruft sich gerne später auf diese Mehrheit. Ungültige Stimmen, die das Gegenteil aussagen, werden nicht berücksichtigt, obwohl es von denen oft nicht wenige gibt. Es können durchaus 15% der abgegebenen Stimmen ungültig sein, d.h. eine Partei, die 30% der abgegebenen gültigen Stimmen auf sich vereint (Achtung! Das wird korrekt, aber meist so schnell gesagt, dass zwischen „abgegebenen" und „abgegebenen gültigen" Stimmen nicht mehr differenziert werden kann), ist in Wahrheit nicht von 30% (das wird so suggeriert) sondern nur von 25,5% der zur Wahl gegangenen gewählt worden.

In anderen Ländern wie beispielsweise Belgien besteht Wahlpflicht, d.h. wer nicht zur Wahl erscheint, erhält einen Bußgeldbescheid. Das wirkt sich beispielsweise auch bei anderen Wahlen aus: die Wahl zum EU-Parlament ist in keiner Verfassung der 28 beteiligten Länder irgendwo erwähnt, also gilt für diese

Wahl formal auch nicht die gesetzliche Wahlpflicht für verfassungsmäßige Wahlen. Belgien hat trotzdem eine Wahlpflicht deklariert, und die Wahlbeteiligung liegt in Belgien bei ca. 90%, in Estland, wo keine Wahlpflicht besteht, hingegen unter 10%. Die hohe Wahlbeteiligung in Belgien liegt mit ziemlicher Sicherheit weniger an der Europabegeisterung der Belgier als an der Gewohnheit, aus Zwang zur Wahl zu gehen bzw. der Unsicherheit, was passiert, wenn man es nicht macht (immerhin haben ca. 10% trotz Wahlpflicht verweigert).

Insgesamt lag die Wahlbeteiligung bei der Europaparlamentswahl 2014 bei knapp 43%. Zieht man Trittbrettfahrerei wie in Deutschland (es fanden gleichzeitig viele Regionalwahlen statt, die selbst nach Ansicht der eher optimistisch gestimmten Wahlbeobachter einen Mitnahmeeffekt von ca. 5-6% ausmachten) oder Effekte wie in Belgien ab, dürfte die Wahlbeteiligung sehr deutlich unter 40% liegen, zieht man noch die wie immer in keiner Statistik auftauchenden ungültigen Stimmen ab, die bei der Europawahl vermutlich noch höher ausfallen dürften als bei anderen Wahlen, wird das EU-Parlament vermutlich von knapp 30% der Wahlberechtigten bestimmt. Ob man angesichts solcher Zahlen noch von einer „demokratischen Legitimierung" dieses Hauses reden darf, möchte ich doch arg bezweifeln.

In Bezug auf das E-Voting hat natürlich auch jeder die Freiheit, seinen PC zu aktivieren oder es eben bleiben zu lassen. Es muss allerdings protokollmäßig abgesichert werden, dass jeder, der hätte wählen können, auch die Möglichkeit dazu hatte. Für die ordnungsgemäße Funktion seiner Geräte ist jeder selbst zuständig, aber es gilt zu verhindern, dass irgendeine kleine Störung im System von einem Wähler zur der Einrede genutzt werden kann, seine Freiheit bei der Wahl sei behindert worden.

Zur **Gleichheit** sind gleich zwei Ergänzungen anzubringen. Unter Gleichheit subsummiert man auch eine Regel, die nicht ausdrücklich aufgeführt wird, weil sie an anderer Stelle des

Grundgesetzes garantiert wird: allen Wählern müssen die gleichen Informationen zugänglich sein.

Eigentlich steht im Grundgesetz sogar, dass allen Bürgern alle Informationen frei zugänglich sein sollen, aber das stimmt schon lange nicht mehr. Das hat zwar jetzt nicht direkt etwas mit E-Voting zu tun, weist aber auf ein paar Missstände im freiheitlichen System hin, an denen man über verschiedene E-Voting-Varianten arbeiten könnte, weshalb hier einige Anmerkungen sinnvoll sind:

- Medienkonzerne haben Urheberrechte, die grundsätzlich notwendig sind, um Autoren und Künstlern ihr tägliches Auskommen zu ermöglichen, mit Hilfe der Politik zu einem Monster aufgebaut, das bereits viele Informationen vor der Öffentlichkeit aussperrt. Bilder, so unbedeutend sie auch sein mögen, sind praktisch nicht mehr zu veröffentlichen – oder man hat einen staatlich geschützten Abmahnanwalt an den Hacken. Statt das Abmahnunwesen einzudämmen hat der Bundestag die Position der Anwälte in der letzten Legislaturperiode noch einmal gestärkt.

- Ich besitze einen Haufen alter Schellackplatten, die seit mehr als 60 Jahren „out" sind und niemanden interessieren, deren Aufnahmen ich aber trotzdem nicht ohne gewaltigen Ärger oder Kosten durch die Gema ins Netz stellen dürfte. Und viele weniger als 120 Jahre „verwaiste" alte Bücher, Fotografien und Tondokumente sind durch Urheberrechte im Prinzip vollständig weg zensiert (verwaist bedeutet, dass der Urheber und seine Erben nicht auffindbar sind, was aber Verwertungsgesellschaften nicht hindert, Forderungen zu stellen, falls sie etwas mitbekommen). Die letzte Gesetzesnovelle hat den Zugang zu verwaisten Werken aber keineswegs vereinfacht.

Man muss bei alldem nicht so extreme Standpunkte vertreten wie die Piratenpartei, die gleich alle Rechte aufheben will. Die Politik agiert hier aber ziemlich einseitig im Sinne der finanzmächtigen Verwertungsgesellschaften.

Die größte Informationsplattform ist inzwischen das Internet. Hier kann man an jede Information gelangen, oder? Nicht ganz! Man muss dabei gar nicht einmal in die Türkei oder nach China schauen, um Informationssperren zu finden. Bei google-Suchen bekannt ist die Zeile

> Aus Rechtsgründen hat Google 5 Ergebnis(se) von dieser Seite entfernt

und man erfährt weiter

> German regulatory body reported illegal material: Ihre Suche hätte in den Suchergebnissen einen Treffer generiert, den wir Ihnen nicht anzeigen, da uns von einer zuständigen Stelle in Deutschland mitgeteilt wurde, dass die entsprechende URL unrechtmäßig ist.

Wussten Sie, dass es einen „German regulatory body", also eine Zensurbehörde, gibt? Im Klartext: in Deutschland wird das Internet grundgesetzwidrig zensiert, denn das Grundgesetz sagt ganz eindeutig „Zensur findet nicht statt"! Das Internet macht es glücklicherweise auch möglich, mit ein paar Tricks über die US-Portale von google zu suchen. Wer das macht, wird bei bestimmten politischen oder historischen Themen erstaunt sein, welche Informationen in Deutschland alle nicht zugänglich sind.

Die Internetzensur mag hier bei uns nicht so professionell sein wie in China, aber die Chinesen geben wenigstens offen zu, dass sie zensieren, und legen nicht so eine verlogene Scheinheiligkeit an den Tag wie unsere Politiker. Die Begründung liegt darin, dass der Bürger (natürlich wieder einmal) gar nicht intelligent genug ist, falsche von richtigen Informationen zu trennen, und falsche und richtige Informationen werden in Deutschland leider in manchen Bereichen nicht durch Fakten sondern durch Gesetze bestimmt.

Interessanterweise hat man das im englischsprachigen Bereich nicht nötig, um die Demokratie und die Gesellschaft vor irgendwelchen eingebildeten Schäden zu bewahren.

Zurück zum E-Voting: Informationsgleichheit impliziert, dass die Wahlinformationen unabhängig vom Wahlverfahren sein müssen, d.h. ob der Wähler nun vor Ort im Wahllokal erscheint, sein Votum per Briefwahl einreicht oder vom heimischen Computer oder seinem IPhone aus wählt, er muss immer den gleichen Wahlschein vor sich haben und die Nebeninformationen müssen auch überall die gleichen sein. Auch Zwischenergebnisse dürfen nicht bekannt werden, da sonst der spätere Wähler sein Verhalten danach ausrichten könnte.

In Bezug auf die Formulare ist das leicht zu erfüllen. Was der E-Voting-Wähler auf seinem Bildschirm sieht, kann exakt so gestaltet werden, dass die Orientierung genauso leicht oder schwer fällt wie auf dem gedruckten Papier, also kein Grund gegen E-Voting (beim IPhone mit dem kleinen Bildschirm mag die Gestaltung etwas komplizierter sein, aber auch das ist heute so gestaltbar, dass keine Nachteile entstehen). Inwieweit das Prinzip gleicher Nebeninformationen bereits bei der Briefwahl zutrifft, könnte diskutiert werden, liegen doch zwischen dem Absenden des Briefes und dem Termin im Wahllokal mehrere Tage, in denen sich die Informationslage ändern könnte. Aber auch ohne Diskussion wird durch diese Differenz der Zeitraum definiert, in denen E-Voting stattfinden dürfte, ohne die jetzt gültigen Regeln zu verletzen.

Nicht statthaft ist in diesem Sinne die Wahl 2014 zum Europaparlament, da hier die Wahlräume in den Ländern völlig unterschiedlich sind und mindestens die Wahlbeteiligung in einigen Ländern bekannt war, bevor die anderen überhaupt antraten. In den Niederlanden ist sogar bereits vorab bekannt geworden, dass die Partei von Geerd Wilders schlechter als erwartet abgeschnitten hatte – nach den Regel eine unzulässige

Information, da sie das Wahlverhalten der Spätwähler beeinflussen kann.

Gleichheit im Sinne von gleicher Stimmenanzahl und gleichem Stimmengewicht ist abgesehen von der technischen Realisierung kein Thema für das E-Voting, aber man kann sich auch hier einmal anschauen, wie gut es überhaupt erfüllt wird. Eindeutig verletzt ist das Gleichheitsprinzip durch die 5%-Klausel in Deutschland sowie insgesamt auch in der Europawahl. In der letzten Bundestagswahl summierten sich die Stimmen der über die 5%-Klausel ausgefilterten Wählerstimmen auf über 10%! Diese Leute haben gültig gewählt und wollen durch bestimmte Parteien oder Personen im Parlament vertreten werden, werden aber genau wie Nichtwähler oder Ungültigwähler durch niemanden im Parlament repräsentiert. Weimarer Zustände (Parteienzersplitterung des Parlamentes, die als Grund für eine Nichtregierbarkeit des Landes und damit für die Sperrklauseln angegeben werden) hin oder her, „gleich" ist diese Wahl nicht.

Noch viel schlimmer sind die Zustände in der Wahl zum Europaparlament. Die Stimmen im Parlament werden nach Wahlberechtigten in den Ländern vergeben werden – nicht etwa nach tatsächlich Wählenden. Erst die gewählten Parteien – Direktkandidaten gibt es nicht – finden sich zu Koalitionen zusammen. Einmal davon abgesehen, dass der Wähler im einzelnen Land dadurch überhaupt nicht weiß, wen oder was er eigentlich wählt (er kennt vielleicht das nichts sagende Geschwafel der landeseigenen CDU, aber die muss sich dann mit 20 anderen Gruppieren mit anderen Eigeninteressen einigen), ist es leicht möglich, dass eine Gruppierung, die in Ländern mit hoher Wahlbeteiligung viele Stimmen abgesahnt hat, im Parlament gegenüber denen das Nachsehen hat, die in vielen Ländern mit nur wenigen Wählern gewonnen hat.

Diese Ungleichheitsprinzip wird noch dadurch weiter verschärft, als es noch nicht einmal ein einheitliches Wahlrecht gibt:

- Die Sperrklauseln variieren zwischen 0% und 6% in den verschiedenen Ländern, teilweise gelten die Sperrklauseln sogar Wahlkreisweise innerhalb eines Landes, d.h. eine Landespartei, die in einem Wahlkreis 5,1% erhält, wird in diesem berücksichtigt, im nächsten, in dem sie nur 4,9% (aber möglicherweise mehr Stimmen absolut) besitzt, gar nicht.

- In einigen Ländern besteht formale Wahlpflicht, in anderen nicht.

- Es werden mindestens sechs verschiedene Quoten berechnungsverfahren angewandt.

Gerade der Westen legt bei Wahlen in irgendwelchen Bimbostaaten Afrikas gerne normative Standards an, um Wahlen als demokratisch oder nicht zu charakterisieren. Wenn man sich diese Standards genau vornimmt, wird man höchstwahrscheinlich feststellen, dass er sie selbst in den wenigsten Fällen erfüllt, eine Tatsache, auf die unlängst auch Vladimir Putin hingewiesen hat, sehr zum Zorn unserer Politiker, dass ausgerechnet dieser Lieblingsantidemokrat der westlichen Politik mit genau dem Argument zurück schlägt, das man ihm selbst gerne vorhält.

Ein weiteres wichtiges Prinzip wird nicht ausdrücklich erwähnt: die Wahl und das Ergebnis müssen **öffentlich** sein, d.h. jeder darf sich von der ordentlichen Durchführung der Wahl und der Richtigkeit des bekannt gegebenen Wahlergebnisses überzeugen. Der Bürger hat beispielsweise das Recht, bei der Auszählung der Stimmen im Wahllokal anwesend zu sein, aber diese Kontrolle betrifft eben auch nur ein einziges Wahllokal, selbst wenn man hochgradig schizophren ist.

Die Geheimniskrämerei beim US-amerikanischen E-Voting und die diversen Wahlfälschungen waren ja bereits ein Thema, das auch immer wieder gegen das E-Voting als solches eingesetzt wird. Schauen wir uns deshalb einmal an, wie gut das implizit höchst korrekte derzeitige papiergestützte Wahlverfahren wirklich aussieht:

Schon bei der Übertragungskette der Daten an die koordinierenden Stelle ist eine Überprüfbarkeit nur noch in der Theorie gegeben. Welche Zahlen teilt der Wahlvorstand über das Telefon mit, welche Zahlen notiert man weiter oben, was steht schließlich auf den schriftlichen Meldungen? Im Internet finden sich Berichte, dass auch in deutschen Wahllokalen gemogelt wird. Nicht überall, meist nicht bei den Stimmen der großen Parteien, aber bei den Stimmen der missliebigen Parteien wie NPD und anderen soll schon einmal die eine oder andere Stimme durch Verschieben auf den Haufen „ungültige Stimme" verloren gehen.

Stimmen solche Berichte? Darf man so etwas glauben? Eine systematische Studie der Politikwissenschaftler Christian Breunig und Achim Goerres der Universitäten Köln und Toronto meint dazu

… Bei rund 1500 Tests auf Wahlkreisebene stießen sie vereinzelt auf signifikante Abweichungen. Bei 190 Tests auf Landesebene fanden sie 51 Abweichungen, das sind über 13%. Das Landesergebnis bei Bundestagswahlen gibt somit nicht den Wählerwillen wieder. Und es kann nicht sein, dass sich die Wahlhelfer einfach und zufällig verzählt haben, denn auch dies wären natürliche Prozesse. Die Verteilung der Ziffern müsste in dem Fall dem Benfordschen Gesetz entsprechen. Das tun sie aber nicht.

Vor allem zwei bedenkliche Muster sind den Wissenschaftlern aufgefallen. Bei der Wahl 2002 häuften sich im Osten die Verletzungen des Bendfordschen Gesetzes für die PDS (heute Linke). Angesichts der enormen Abweichung von mehr als 1475 Punkten ist davon auszugehen, das insbesondere die Wahlergebnisse 2002 systematisch manipuliert worden sind. Da wollten wohl die Wahlhelfer tüchtig nachhelfen? Unsere Schätzungen belaufen sich dabei auf 8 bis 12% anhand der exorbitant hohen Punktzahl der Abweichungen, die überwiegend in Mecklenburg-Vorpommern, Brandenburg, Sachsen-Anhalt, Sachsen und Thüringen auftreten, also quasi im gesamten Osten Deutschlands. …

Interessanterweise schweigen sich die Qualitätsmedien zu solchen Themen bislang weitgehend aus oder bringen Meldungen allenfalls auf den hinteren Seiten. Erst wenn sich die Staatsanwaltschaften einschalten ist dies eine Meldung wert – für die Zeit von 2011 – 2013 immerhin mindestens 50 Mal nach einer Sammlung von Verfahrensmeldungen im Internet. Da ist von „vergessenen" Briefwahlzetteln die Rede ebenso wie von als Altpapier „entsorgten" Wahlbenachrichtigungen oder Zweit- oder gar Drittstimmen durch Kombination verschiedener Tricks – und das zusätzlich zu manipulierten Auszählungen. Da Wahlprüfungen, selbst stichprobenartige, nur in der Theorie existieren, dürften die bekannt gewordenen Fälle wie immer nur die Spitze des Eisbergs repräsentieren.

Besonders eklatant fällt hier wieder die Europawahl auf, haben doch offenbar alle Bürger mit mehreren Staatsbürgerschaften von jedem Land eine Wahlbenachrichtigung bekommen und anscheinend teilweise auch mehrfach gewählt. Angesichts der ohnehin geringen Wahlbeteiligung machen diese potentiell mehrere 100.000 Stimmen schon etwas aus. Ein besonderes G'schäckle erhalten solche Nachrichten, wenn Exponenten der so genannten Gesellschaft wie der Zeit-Chefredakteur Giovanni di Lorenzo dies auch noch öffentlich im Fernsehen bekannt geben. Da kann man sich einerseits fragen, welches demokratische Verständnis solche Leute besitzen, andererseits aber auch, wie dumm man eigentlich sein muss, um das auch noch öffentlich zuzugeben.

Solcher Wahlbetrug wird gemäß Strafgesetzbuch nicht gerade milde geahndet, aber im Fall der Europawahl muss man erst einmal abwarten, ob Herr di Lorenzo und andere überhaupt strafbar gehandelt haben.

- Treffen die Paragrafen auf dieses durch keine Verfassung legitimierte so genannte Parlament überhaupt zu? Die Staaten können das zwar so festlegen, aber bei halbwegs geschickter Argumentation dürfte das Ergebnis vor Gericht zumindest offen sein.

- Muss man als Bürger offizielle Amtsbescheide – und um so etwas handelt es sich bei den Wahlbenachrichtigungen – auf ihre Rechtmäßigkeit hin prüfen? Die Antwort ist NEIN. Man kann, und kann einen Bescheid auch anfechten, muss ihm aber bis zur Entscheidung eines Gerichts trotzdem erst einmal nachkommen. Wenn man ihn anerkennt, gilt er aber, so unrechtmäßig er auch sein mag.

Dazu noch eine erhellende Anekdote aus Deutschland: einem Steuerzahler wurden vom Finanzamt aufgrund einer Falscheingabe mehrere 10.000 € Steuern erstattet, obwohl er eigentlich hätte zahlen müssen. Dem Finanzamt fiel das erst nach 2 Jahren auf, es scheiterte mit einer Rückforderung aber vor Gericht, weil innerhalb der Einspruchsfrist keiner der Beteiligten die Rechtmäßigkeit des Bescheides in Frage gestellt hatte. Der Steuerzahler, sich wohl bewusst, dass der Bescheid nicht so ganz richtig sein konnte, hat gleichwohl das Recht, den Bescheid so zu akzeptieren und ist nicht zu einem Widerspruch verpflichtet, so das Gericht. Herr di Lorenzo kann sich vermutlich mit Recht darauf zurückziehen, dass es Aufgabe der Behörden und nicht seine ist, solche Pannen zu vermeiden. Da solche Pannen aber dazu zu gehören scheinen, sollte man sich zumindest Gedanken darüber machen, worauf es hinausläuft, wenn jetzt Ausländern, die nur lange genug in Deutschland wohnen, auch noch ein deutscher Pass zusätzlich hinterher geworfen wird (vermutlich ohne den anderen Staat darüber zu informieren, geschweige denn, sich bei bestimmten Angelegenheiten untereinander abzustimmen).

Halten wir fest: eigentlich ist alles ganz einfach, aber in der Realität wird bereits bei den heutigen Wahlen betrogen auf … na ja, „Teufel komm raus" ist vermutlich übertrieben, aber es geht längst nicht so freiheitlich-demokratisch zu wie uns das immer vorgegaukelt wird. Das freiheitlichste und demokratischste Deutschland aller Zeiten braucht eigentlich wieder einmal ein Großreinemachen, wozu sich ein E-Voting möglicherweise eignet. Man muss sich allerdings nicht wundern, wenn die Profiteure in den Parlamenten und Regierungen nicht besonders scharf darauf sind.

… und beim E-Voting?

Wenn wir uns die Anforderungen in der obigen Reihenfolge anschauen, muss zur Eigenschaft **allgemein** wohl nicht weiter gesagt werden. E-Voting tritt zunächst als weiteres Verfahren an die Seite der anderen Methoden. Wer keinen PC, IPad oder IPhone hat oder damit nicht umgehen kann, kann immer noch per Brief- oder Direktwahl abstimmen. Zumindest für eine längere Übergangszeit werden Alternativverfahren angeboten werden müssen.

Nach traditioneller Methode müssen sich die Wähler im Vorfeld für eine der drei Möglichkeiten anmelden und können dann nur in der gewählten Form ihre Stimme abgeben. Da bei der Stimmabgabe kontrolliert wird, ob der Wähler berechtigt ist und auch nur einmal wählt, wäre es sogar möglich, sich am Wahltag noch einmal anders zu entscheiden und E-Voting zu verwenden statt zum Wahllokal zu gehen (oder umgekehrt; eine Briefwahlentscheidung ist allerdings unumkehrbar). Im Wahllokal müsste dann nur online kontrolliert werden, ob der Wähler schon beim E-Voting teilgenommen hat, und einen Sperrvermerk bekommen, wenn er nun im Wahllokal direkt wählt. Wenn das nur in einem Teil der Wahllokale realisiert werden kann, wäre selbst das eine Option, die der Anforderung keinen Abbruch tut.

Kostensparend könnte sich E-Voting bereits hier auswirken, wenn der Wähler sich für die Option einer elektronischen

Benachrichtigung anstelle einer postalischen bei zukünftigen Wahlen entscheidet. Wenn er dann doch in das Wahllokal gehen möchte, kann er sich dort mit seinem Ausweis legitimieren – auch eine Sache, die in vielen Wahllokalen falsch gemacht wird. Geprüft wird dort meist lediglich die Wahlbenachrichtigung, aber da die kein Foto des Wahlberechtigten aufweist, wäre eine Querprüfung mittels des Ausweises notwendig, um Betrug zu vermeiden.

Ob es im Laufe der Zeit zu weiteren Einsparungen kommt, bleibt abzuwarten. Da jede nahezu jede Art von Rechner als Abstimmungsgerät in Frage kommt und die Multimediatechnik immer mehr zusammen wächst und auf der anderen Seite die unteren sozialen Schichten mindestens über den Luxus Internetanschluss verfügen und obendrein auch das nächste Internetcafe noch eine Option darstellt, ist es durchaus möglich, dass sich die Wahl im Wahllokal auf die Dauer erledigt und es bei Briefwahl und E-Voting bleibt.

Zum Thema **unmittelbar** gibt es nichts zu sagen, wohl aber zum Thema **frei**. Hier setzen nämlich einige Kritikpunkte der Politik gegen ein E-Voting an:

- Bei einer Abstimmung vor dem heimischen PC könnte der Wähler zu einer bestimmten Wahl gezwungen werden oder gar jemandem anderen die Stimmabgabe überlassen.

- Es wäre ein Leichtes, seine Stimme nachweisbar zu verkaufen. Der Käufer braucht nur dahinter zu stehen, um dies zu kontrollieren.

Als erste Antwort ist dazu zu sagen, dass es bei der Briefwahl ebenso möglich ist, zu einer bestimmten Wahl gezwungen zu werden oder seine Stimme kontrolliert zu verkaufen. Wer kreuzt den Wahlschein letztendlich wirklich an, wenn es sich um ältere oder kranke Wähler handelt? Die Briefwahl dürfte ebenfalls nicht zugelassen werden, will man das Argument gelten lassen, aber der gegenteilige Trend ist zu beobachten: galten früher noch Regeln, wann man eine Briefwahl überhaupt beantragen konnte, wird heute gar nichts mehr überprüft.

Die Wahl im Wahllokal ist keinen Deut besser: zur Verhinderung des kontrollierbaren Verkaufs einer Stimme sind in Wahllokalen anderer Länder wie Italien Handys in der Regel nicht gestattet, damit der Wähler in der Kabine kein Beweisfoto seiner Wahl anfertigen kann. In Deutschland ist das kein Problem: man darf sogar in der Wahlkabine telefonieren. Fotos leerer oder ausgefüllter Wahlzettel kursieren nach Wahlen bei facebook und anderen sozialen Netzwerken, ohne dass jemand daran Anstoß nimmt. Und selbst wenn: hochauflösende Kameras sind inzwischen unsichtbar in Uhren, Brillen und anderen Gegenständen, die man mit sich herumtragen kann, installiert und sind im Fachhandel für 50-100 € zu haben (das gilt auch umgekehrt: es ist kein Problem, eine Minikamera so zu platzieren, dass für jeden Wähler kontrolliert werden kann, wo er sein Kreuzchen macht).

Im Gegenteil ist zu vermuten, dass die Wahrscheinlichkeit beim E-Voting, jemand anderen wählen zu lassen, sogar geringer ist. Die Briefwahlunterlagen kann man komplett verkaufen, ebenso eine Wahlbenachrichtigung, wobei bei letzterer der Betrüger nur den Mut haben muss, einfach vor die Wahlhelfer zu treten und darauf zu vertrauen, dass die keinen Ausweis sehen wollen (und selbst dann gibt es noch eine Menge nicht widerlegbarer Ausreden). Beim E-Voting muss sich der Wähler allerdings während des Wahlvorgangs elektronisch identifizieren. Die Herausgabe dieser Daten an Fremde ist wenig wahrscheinlich, denn sie gleicht der Herausgabe der Kreditkarten-PIN oder anderer Daten, die man selbst im Familienkreis ungern bekannt macht.

Wir können also beide Argumente bei genauer Betrachtung nicht gelten lassen: die Situation verschlechtert sich durch das E-Voting gegenüber den Ist-Zustand nicht.

Auch hier sei wieder ein Blick auf das System riskiert, der für die reinigenden Effekte spricht, die ein E-Voting haben könnte: der deutsche Politikbetrieb gehört zu den Marktführern bezüglich Korruption. Die Beratungen von Antikorruptionsrichtlinien der UNO wurde von Deutschland vor 2000 über viele Jahre hinweg blockiert. In einer Hauruck-Aktion wurde dann 2002 doch eine Konvention durchgedrückt, die (Stand 2014) von 171 Staaten ratifiziert wurde. Ausnahmen: Deutschland, Japan, Nordkorea, Syrien und Sudan (gibt es da nicht einen Klub der Schurkenstaaten?).

Das kommt nicht von ungefähr. Wie das Internet-Portal abgeordnetenwatch.de aufgedeckt hat, schrecken deutsche Parlamentarier noch nicht einmal davor zurück, ihre Stimme im Parlament auf ihrer Internetseite zum Verkauf anzubieten und/oder gegen üppige Bezahlung durch Lobby-Arbeit Gesetzestexte zu beeinflussen.

Auf Druck von Wählern und negativer Stimmungsmache im Internet hat man sich im Frühjahr 2014 im Bundestag nochmals aufgemacht, Antikorruptionsgesetze zu verabschieden, die aber nicht der UNO-Konvention entsprechen und weiterhin auf Freibriefe hinauslaufen. Den Abgeordneten muss nachgewiesen werden, dass sie auf Anordnung handeln – mehr oder weniger ein Ding der Unmöglichkeit, denn Zuwendungen oder Gehälter jeglicher Art sind weiterhin erlaubt und stellen keinen Beweis dar, dass der Abgeordnete seine Stimme verkauft hat. Es macht schon mehr als nachdenklich, wenn man Abgeordnete in den Medien über die Rechtmäßigkeit von Geschenken im Wert von mehreren 1.000 € pro Jahr von „zufriedenen Wählern" oder über Gehälter von Konzernen für „Nebentätigkeiten", die auch schon einmal 250.000 €/Jahr überschreiten können, schwadronieren hört, während der einfache Mitarbeiter im Staatsdienst Gefahr läuft, fristlos entlassen zu werden, wenn er am Jahresende den Geschenkkugelschreiber eines Lieferanten annimmt oder vergisst, in seiner Dienstreiseabrechnung anzugeben, dass das besuchte

Unternehmen ihm ein Mittagessen in der Werkskantine spendiert hat.

Um sich komplett abzusichern sieht das deutsche Recht zusätzlich vor, dass Verfahren gegen „Personen des öffentlichen Lebens", also Politiker, den primär zuständigen Ermittlungsbehörden mehr oder weniger von den Betroffenen oder deren Handlangern aus der Hand genommen und an übergeordnete Institutionen übertragen werden können. Im Klartext: die Polizei und der kleine Staatsanwalt werden ausgebootet und ein Verfahren landet beim LKA, BKA oder einem der Nachrichtendienste und wird dann mit Einverständnis der Generalstaatsanwälte auf die lange Verjährungsbank geschoben, ohne dass irgendetwas passiert. Nicht, dass diese Institutionen nicht auch gute Arbeit abliefern würden, aber eben nicht im Umfeld der Politik.

Im Mutterland der Korruption, in Italien, ist so etwas beispielsweise nicht möglich. Wenn sich dort ein Untersuchungsrichter entschließt, einer Sache nachzugehen, ist er nur mit einer Handgranate oder einem Maschinengewehr zu stoppen (was manchmal auch passiert). Und so kommt es zu Prozessen nebst Verurteilungen wie im Fall gegen Berlusconi, auch wenn man bei dem sehr lange warten musste, bis seine Immunität als Regierungs- und Parlamentsmitglied fiel. So etwas wie der/die Berluscone-Prozess/e wäre wiederum in Deutschland nicht möglich.

Im EU-Parlament, für das gewisse Antikorruptionsrichtlinien gelten, sieht es erwartungsgemäß kaum anders aus: mehr als 1.000 unzweideutige Angebote der Lobbyisten pro Jahr sind die Regel, ebenso wie kostspielige Geschenke, und würden sie auch nur die Hälfte aller Geschäftsessen wahrnehmen, zu denen sie eingeladen werden, müssten die Abgeordneten das Magenvolumen einen Elefanten und gleichzeitig den Stoffwechsel eines Kolibris besitzen, um nicht zu platzen. Diese Zahlen sind keine Vermutung, sondern stammen von einigen Parlamentariern, die noch so viel

Anstand besitzen, dass ihnen diese Lobbyistenschmeißfliegen mit ihrer Penetranz gehörig gegen den Strich gehen. Und die Richtlinien und Gesetze, die aus Brüssel kommen, sprechen ziemlich stark dafür, dass sich viele diesem Angebotsreiz nicht entziehen können.

In beiden Parlamenten laufen immer wieder Diskussionen, in wie weit Nebeneinkünfte zu veröffentlichen sind. Die normalen Einkünfte eines Bundestagsabgeordneten (im EU-Parlament sind die Einnahmen höher) belaufen sich auf:

- Diäten = Gehalt: 8.250 €.

- Kostenpauschale: 4.200 € (z.B. für doppelte Haushaltsführung usw.).

- Bürokosten für Verbauchsmaterial: 1.000 € (da zählt auch ein neuer Mont Blanc mit Goldfeder pro Jahr dazu).

- Mitarbeiterkosten: 16.000 € (für Mandats- und Wahlkreismitarbeiter, EU-Parlamentarier pflegen selbst minderjährige Familienmitglieder zu beschäftigen).

Das sollte eigentlich für eine Vollzeitbeschäftigung im Dienst der Allgemeinheit ausreichen. Schließlich wird das auch von Staatsdienern, die sich mit 2.000 €/Monat für eine mehrköpfige Familie begnügen müssen, erwartet, und diese müssen sich sogar die Übernahme der Vormundschaft für die demente Mutter als „Nebentätigkeit" genehmigen lassen. Parlamentarier kommen, an ihren tatsächlichen Einnahmen gemessen, aber auf mindestens 96 Stunden/Tag, und für viele dürfte die Veröffentlichung von Nebeneinkünften eigentlich kein Problem sein, bräuchten sie doch nur die oben genannten Abgeordnetenbezüge anzugeben und liefen damit keine Gefahr, ihre wirklichen Geldgeber zu verraten (abgeordnetenwatch.de hält auch hierfür aussagekräftige Beispiele bereit).

Zurück zum E-Voting und dem Begriff der **Gleichheit**, von dem wir nur die Ergänzungen zu betrachten haben. Zur Gestaltung eines elektronischen Formulars, das dem Wähler das gleiche Bild vermittelt wie ein Wahlzettel und das auch sicher und eindeutig ausfüllbar ist, haben wir bereits einiges gesagt und müssen hier nichts mehr ergänzen.

Zu berücksichtigen ist allerdings, dass die Wahlformulare in jedem Wahlkreis anders aussehen, stellen sich doch andere Kandidaten zur Wahl. Das Wahlverfahren muss sicherstellen, dass jeder Wähler genau das für ihn passende Formular erhält und auch kein anderes bei der Wahl einreichen kann beziehungsweise seine Stimme ungültig wird, wenn er es doch macht. Wir verschieben diese Diskussion auf das technische Kapitel.

Da die elektronische Wahl kein Personal beansprucht, kann das Wahlfenster zwischen dem der Briefwahl und dem der Wahl im Wahllokal liegen. Konkret könnte man beispielsweise von Freitag bis Sonntag Abend die Zugänge freischalten und die Wähler wählen lassen. Längere Wahlzeiten und ein für den Wähler bequemeres Verfahren könnten sogar zu einer höheren Wahlbeteiligung als jetzt führen.

Zu klären ist noch, wie garantiert wird, dass jeder nur eine Stimme abgibt und diese auch geheim bleibt. Auch das klären wir im nächsten Kapitel über die Technik.

Bei der **Öffentlichkeit**, insbesondere der öffentlichen Überprüfbarkeit, ist E-Voting allen anderen Methoden haushoch überlegen. Sämtliche öffentliche Phasen einer Wahl – Stimmabgabe, öffentliches Auszählen, Berechnen des offiziellen Wahlergebnisses – können nicht nur öffentlich durchgeführt werden, es kann auch jeder kontrollieren, dass seine eigene Stimme nicht gefälscht oder falsch einsortiert wurde, und das amtliche Ergebnis nachrechnen. Dazu müssen nur die Datenbanken mit den Voten frei zugänglich sein. Wahlbetrug, wie er heute vermutlich zum Standard gehört, wäre mit einem E-Voting so gut wie unmöglich.

Bis hier hin betrachtet spricht also nichts gegen aber dafür sehr viel für ein E-Voting. Wir haben dabei stillschweigend vorausgesetzt, dass es technisch überhaupt möglich ist, und diese Frage klären wir im nun folgenden Kapitel. Ebenfalls annehmen müssen wir uns den Gegenargumenten der Manipulierbarkeit der Maschinen und der Sabotage einer Internetwahl, die als gewichtiges Argument gegen ein E-Voting immer noch im Ring bleibt.

Technische Durchführung des E-Votings

Die erste technische Voraussetzung für ein E-Voting ist ein Internetportal, das dem Wähler Informationen liefert, aber auch in der Lage ist, interaktiv mit dem Bürger zu kommunizieren. Die Internetportale der öffentlichen Dienste werden zwar laufend ausgebaut, allerdings ist hier noch einiges an Nachholbedarf notwendig, da man sich bislang auf Informationen und Formulardownloads beschränkt, interaktiv aber noch wenig getan hat.

In einem interaktiven Portal muss sich der Bürger auch korrekt identifizieren können, und hier hat der Staat auch einige Möglichkeiten in den Teich gesetzt. Die neuen Ausweise/Pässe sind bereits elektronisch lesbar und können elektronische Zertifikate enthalten (wir klären gleich, was ein Zertifikat ist), jedoch wurde gerade die Ausstellung und Verwaltung des wichtigen Zertifikatteils privaten Unternehmen überlassen und ist daher mit eigentlich unnötigen Kosten verbunden. Für Bürger, die sich mit dem Ausweis oder Pass ein elektronisches Zertifikat haben ausstellen lassen, ist die Authentifizierung in einem interaktiven Portal kein Problem, vorausgesetzt er hat ein Lesegerät und spezielle Software; für die anderen muss man sich etwas anderes ausdenken.

In diesem Umfeld wurden aber noch weitere Böcke geschossen.

- Die elektronische Auslesbarkeit eines Ausweises entspricht nicht der von Kreditkarten, d.h. man benötigt zwei Lesegeräte, wenn man beide Kartensysteme am PC nutzen will.

- Man benötigt spezielle Software, so genannte Ausweis-Apps, um die Ausweisdaten nutzen zu können. Die sind aber keine kontrollierbare OpenSource-Software und stehen nicht auf allen Rechnern oder unter allen Betriebssystemen zur Verfügung.

- Die Zertifikate sind nur in Verbindung mit den Ausweisen nutzbar, können jedoch nicht auf den PC zur Nutzung in anderen Umgebungen geladen werden, fallen also für bestimmte Zwecke, für die man sie nutzen könnte, aus.

Unnötige Kosten, spezielle Hardware, spezielle Software, beschränkte Nutzbarkeit – welchen Schildbürgerstreich haben sich die Behörden da wieder einfallen lassen? Aus sicherheitstechnischer Sicht wären breit nutzbare und genutzte Zertifikate im Internet mehr als wünschenswert; was da fabriziert wird, mutet aber eher als Sabotage an, zumindest was kurz- und mittelfristige Verbesserung der Sicherheitslage angeht.

Der Staat hat denn auch anderes im Sinn: Kreditkarten benötigen einen elektrischen Kontakt zum Lesegerät, Ausweise werden induktiv ausgelesen. Die Begründung des BSI für die Wahl besteht aus einem Hinweis auf eine mögliche Verschmutzung der Kontakte und damit auf eine Nichtlesbarkeit des Ausweises. Angesichts der Erfahrung, eine EC-Karte problemlos über viele Jahren hinweg sogar sehr häufig zu nutzen, wirkt diese Erklärung aber eher wie der Versuch, das Publikum für dumm zu verkaufen.

Die induktive Auslesbarkeit steht im (nicht unbegründeten) Geruch des unbemerkten Auslesens der Daten, und das Gesamtkonzept ist obendrein nicht gerade auf Datensicherheit ausgelegt: nicht nur Staatsorgane können die Daten leicht auslesen, böse Buben können es anscheinend auch, wie der Chaos Computer Club nachgewiesen hat, und das auch nicht nur dann, wenn man die Karte jemand in die Hand drückt, sondern auch völlig unbemerkt, beispielsweise mittels eines modifizierten Handys in der Warteschlange an der Kasse im Supermarkt. Die Lesegeräte funktionieren zwar angeblich nur über wenige Zentimeter Entfernung hinweg, aber so lange man die Energie nicht so erhöht, dass der Karteninhaber im Scanbereich durch die Mikrowellen gebraten wird, sind auch sehr viel größere Entfernungen überbrückbar.

Zudem lassen sich durch die geringere Energieaufnahme nicht so effektive Algorithmen einsetzen, auch wenn die Technik in der letzten Zeit aufgeholt hat. Kontaktkartensysteme haben zwar auch ihre Schwachstellen, aber nachgewiesener Datenklau von den Karten und Skandale wie die NSA-Affäre haben ein größeres Misstrauen der Bürger in die Ausweistechnik bewirkt, und selbst von den Sachbearbeitern der Bürgerämter kann man sich ein „Hätte mich auch gewundert!" anhören, wenn man auf „Wollen Sie ein Zertifikat auf dem Ausweis?" mit „Nein!" antwortet.

Nachdem man hier somit voll am Interesse des einzelnen Bürgers vorbei operiert hat – ein Grund mehr für eine größere Bürgerbeteiligung an öffentlichen Entscheidungen – bleibt für die meisten Bürger für eine Authentifizierung beim E-Voting zunächst nur das Standardverfahren Name+Kennwort. Die Einrichtung eines solchen Kontos kann – die hoheitliche Funktion des Ganzen in Rechnung gestellt – auf folgende Weise erfolgen:

- Bei der Bürgerbehörde, die sich von der Identität des Antragstellers direkt überzeugen kann, oder

- per online-Antrag, PostIdent-Identitätsüberprüfung und PIN-Brief für die Aktivierung, oder

- per online-Antrag und online-Überprüfung durch einen privaten oder öffentlichen Dienst, der garantiert, dass die Identität des Wählers stimmt (das könnten Institutionen sein, die sich selbst direkt oder per PostIdent von der Identität überzeugt haben).

Welche Optionen man zulässt und welchen Aufwand man hier genau betreiben möchte, um Missbrauch zu verhindern, können sich die Experten selbst überlegen. Vermutlich kommt man ohnehin auf die Dauer um so etwas nicht herum, wenn man bestimmte Verwaltungsvorgänge vereinfachen möchte. Ein grundsätzliches Problem, so dass man alles zwingend an ein Zertifikat hängt und somit die E-Voting-Option zunächst einmal wieder bezüglich der möglichen Teilnehmerzahl unterläuft, besteht nicht. Immerhin hat man ja auch keine Probleme, Briefwahlunterlagen ohne jede Kontrolle, ob da jemand Briefkästen geplündert hat, so versenden.

Ist der Zugang zum Bürgerportal mit einem Bürgerkonto erst einmal eingerichtet, steht dem Weiteren nichts mehr im Weg: der Bürger kann Emailadressen und Telefonnumern für Benachrichtigung festlegen (ob man behördlicherseits alle Email-, SMS- oder Messengerprovider im Stil von WhatsApp zulässt und/oder auf Hinterlegen von Verschlüsselungsparametern besteht, ist nur eine sicherheitstechnische Frage, schränkt aber die Nutzbarkeit für den Wähler in keiner Weise ein), kann für ein Wahlverfahren optieren usw. So etwas lässt sich für alle Teilnehmer sicher und bequem realisieren, wenn auch zu befürchten steht, dass die Spezialisten vom BSI auf das Geheiß politischer Technikignoranten einiges in den Sand setzen würden.

Gehen wir davon aus, dass der Wähler nun an einer Stelle angekommen ist, an der er über E-Voting seine Stimme abgeben kann. Dies könnte dezentral über die Bürgerportale oder auch zentral über ein Bundeswahlportal abgewickelt werden. Eine zentrale Lösung wäre aus Kosten- und Sicherheitsgründen günstiger, wie wir unten zeigen werden, setzt jedoch ein zentrales Wählerregister voraus. Bevor nun wieder Bedenken wegen des Datenschutzes geäußert werden: ein zentrales Melderegister, das noch viel mehr Informationen enthält, ist bereits seit mehr als 10 Jahren geplant und in Gesetze gegossen, aber anscheinend (außer beim BND und anderen Nachrichtendiensten?) noch nicht realisiert (oder doch? Die Informationslage ist hier etwas diffus). Gehen wir daher davon aus, dass ein zentrales Wählerregister mit den für sämtliche verschiedene Wahlvorgänge in der BRD notwendigen Informationen kein Problem ist.

Zum Einleiten der Stimmabgabe meldet sich der Wähler im Wählerportal an. Die gesamte Kommunkation wird natürlich über eine SSL-verschlüsselte Verbindung abgewickelt. Die Identifizierung des Wählers kann durch eine Name/Kennwortkombination oder über ein elektronisches Zertifikat erfolgen, wobei wir immer noch klären müssen, was das eigentlich ist. Korrekt gehandhabt ist ein Betrug bei der Anmeldung nicht möglich, es sei denn, der Bürger hat seine vertraulichen Daten irgendwem mitgeteilt bzw. sie sind ihm in Form von Aufzeichnungen gestohlen worden.

Der Wahlcomputer kontrolliert nun, ob eine Wahlberechtigung vorliegt und der Wähler noch nicht abgestimmt hat, und liefert das für den Wahlkreis des Wählers zuständige Wahl-PDF-Formular aus. Je nach benutztem Gerät (PC, Tablet, Internethandy) kann auch ein entsprechend optimiertes Formular ausgeliefert werden, um die Bedienung zu erleichtern. In das Formular trägt der Wähler nun mit üblichen Softwarewerkzeugen (PDF-Viewer) sein Votum einträgt. Das ausgefüllte Formular ist anschließend an die Wahldatenbank zu übertragen. Anmeldung und Formularabruf kann durchaus mehrfach erfolgen, wenn der Wähler sich etwa erst einmal orientieren will, die Abgabe darf aber nur einmal erfolgen.

So weit zu den trivialen Vorgängen. Nun müssen wir etwas in die geheimnisvolle Technik dahinter eindringen, um zu verifizieren, dass auch alle Anforderungen an das Wahlverfahren erfüllt werden. Beginnen wir beim letzten Schritt und erklären andere auf dem Weg gleich mit: die Übertragung der ausgefüllten PDF-Datei, das Votum, kann weder an die Urnen-Datenbank direkt erfolgen, da der Wähler seine Stimme sonst mehrfach abgeben könnte, noch über die Verbindung zum Wahlcomputer, da dieser dann natürlich weiß, was der Wähler gewählt hat. Um beides zu verhindern, erstellt der Wahlcomputer auf Anfrage des Wählers eine elektronische Signatur für das Votum, die nur für dieses eine Dokument gilt und eine Mehrfachabgabe verhindert. Das Votum wird auf unabhängigem Weg an die Urne übertragen.

Um das technisch zu verstehen zu können, sei die Verschlüsselungstechnik dahinter kurz angerissen. Die Basis sind so genannte asymmetrische Verschlüsselungsverfahren. Bei diesen werden verschiedene Schlüssel für den Verschlüsselungs- und den Entschlüsselungsvorgang verwendet. Die Schlüssel können nur paarweise und gleichzeitig erzeugt werden. Aus der Kenntnis eines Schlüssels ist die Erzeugung des zweiten mathematisch nicht möglich (oder zumindest so unwahrscheinlich, dass man vor Beginn des Aussterbens der Dinosaurier den Rechner hätte starten müssen, wollte man bis heute halbwegs Aussicht auf Erfolg haben).

Beim bekanntesten Verfahren (dem RSA-Verfahren) verwendet man zwei große Primzahlen mit jeweils etwa 300 Dezimalstellen (das sind sehr große Zahlen, z.B. [das ist keine Primzahl]:

19274820984739275162093827394029382940291734492748209984
73927516209382739402938294029192748209847392751620938273
94029382940291927482098473927516209382739402938294029192
92748209847392751620938273940293829402919274820984739275
51620938273940293829402919274820984739275162093827394029
3829402919274820984739275

Wollte man beispielsweise sämtliche Atome im sichtbaren Universum einzeln durch nummerieren, käme man mit ca. 100

Dezimalstellen aus, also 1/3 dieser Länge). Miteinander multipliziert erhält man eine Zahl mit 600 Dezimalstellen, das so genannte Modul.

Das Rechnen mit solch großen Zahlen funktioniert nun so, dass nach jeder Addition oder Multiplikation das Ergebnis durch das Modul ganzzahlig dividiert und der Divisionsrest (! Nicht der Quotient!) im nächsten Schritt, also der nächsten Addition, Multiplikation und, mit ein paar mathematischen Tricks, auch der Subtraktion oder Division verwendet wird. Die Zahlen bleiben daher immer in der gleichen Größenordnung, egal wie viele Operationen macht, und das Ergebnis ist mathematisch eindeutig.

> Probieren Sie das aus! Wenn Sie mit kleinen Zahlen mehrere Multiplikationen machen und nach jeder Multiplikation den Divisionsrest oder diesen erst ganz zum Schluss berechnen, es kommt immer das Gleiche heraus.

Um eine Nachricht zu verschlüsseln – man kann jede Nachricht ja auch als Zahl auffassen – wird diese mit einem großen Exponenten mit vergleichbar vielen Stellen (das ist einer der Schlüssel) potenziert (immer mit Bildung des Divisionsrests durch das Modul, wenn die Zahl zu groß wird; das Potenzieren ist ja nichts anderes als fortgesetztes Multiplizieren, d.h. es wird rechnerisch nichts Neues gemacht). Vermutlich ist auch das wieder eine Zahl mit ca. 600 Dezimalstellen. Wiederholt man das mit einem anderen Exponenten (nämlich dem zweiten Schlüssel), kommt die ursprüngliche Nachricht wieder heraus. Um zum ersten Exponenten den zweiten berechnen zu können, muss man die beiden Primzahlen kennen, sonst funktioniert es nicht. Wenn man nur das Produkt kennt, muss man die beiden Primfaktoren suchen, um den zweiten Schlüsselteil zu bestimmen, aber auch das funktioniert nicht (nun ja, zumindest nicht sehr schnell. Vermutlich stellt die Sonne ihre Arbeit ein, bis man das Ergebnis hat).

Wenn Sie möchten und ein wenig Programmieren können oder Erfahrung mit Tabellenkalkulationsprogrammen haben, können Sie alles, was ich hier erzähle, auch selbst ausprobieren. Nehmen wir an, Ihre Primzahlen sind q und p, dann ist $n=p*q$ Ihr Modul, und sie können alle Zahlen $N<n$ verschlüsseln. Wählen Sie eine Zahl e als ersten Exponenten und bestimmen Sie dazu eine zweite Zahl d so, dass der Divisionsrest von $d*e/((p-1)*(q-1))$ gleich Eins ist. Sie können nun $X=N^e$ berechnen, was etwas mühsam ist, da nach ein paar Multiplikationen (oder jeder) erst wieder der Divisionsrest mit n berechnet werden muss, damit die Zahlen nicht zu groß werden. Danach wird einfach dieser Rest weiter potenziert. Das ist der verschlüsselte Wert, und wenn Sie $N=X^d$ berechnen, muss das Original wieder herauskommen. Wer an der Schule einen Programmierkurs belegt hat, sollte das eigentlich mit ein wenig Probieren hinbekommen. Für das Rechnen mit den ganz großen Zahlen existieren noch einige spezielle Algorithmen, deshalb sollten Sie sich mit kleinen Zahlen in Ihrem Versuchen zufrieden geben.

Man kann nun einen der Schlüssel sowie das Modul öffentlich zugänglich machen, alles andere aber geheim halten, mit der Folge:

- Jeder kann mit dem öffentlichen Schlüssel etwas verschlüsseln, doch nur der Inhaber des Geheimschlüssels kann das wieder entschlüsseln.

- Der Inhaber des Geheimschlüssels kann etwas verschlüsseln, was jeder mit dem öffentlichen Schlüssel wieder entschlüsseln kann, wodurch man sicher sein kann, dass nur der Inhaber des Geheimschlüssels die verschlüsselte Nachricht verfasst haben kann.

Mit der zweiten Methode haben wir das Grundprinzip einer Signatur bereits erläutert: es handelt sich um eine Nachricht, die mit dem privaten Schlüssel eines Schlüsselpaares verschlüsselt wurde.

Um ein längeres Dokument wie beispielsweise das PDF-Formular des Votums zu signieren, verschlüsselt man allerdings nicht das komplette Dokument – das wäre viel zu aufwändig – sondern erzeugt zunächst einen Hashwert davon. Eine Hashfunktion, mit der man das machen kann, erzeugt aus einer Eingabe beliebiger Länge eine Ausgabe fester, relativ kurzer Länge. Bekannte Hashfunktionen, von denen möglicherweise der eine oder andere Leser schon einmal gehört hat, sind MD5 (die sollte man nicht nehmen) oder SHA-1 (die darf man nehmen). Die Anzahl der verschiedenen Ausgaben ist jeweils so groß (und die Funktion so konstruiert), dass zwei verschiedene zufällig ausgewählte Eingaben stets auch zwei verschiedene Ausgaben erzeugen (siehe Anmerkung zu den Dinosauriern). Da man von einem Hashwert nicht auf das Original zurück rechnen kann, spricht man auch von einer Einwegverschlüsselung. Hashfunktionen sind nicht geheim und verwenden auch keine geheimen Schlüssel.

Vom Votum wird aber nicht direkt der Hashwert berechnet, denn der würde bei zwei Wählern, die das gleiche Formular verwenden und die gleichen Parteien und Leute ankreuzen (soll ja vorkommen), den gleichen Wert annehmen. Es kommt also noch ein Schritt dazu, den wir erst weiter unten ansprechen, aber schließlich hat der Wähler einen Hashwert, der sein Votum repräsentiert. Dieser Hashwert wird nun mit dem privaten Schlüssel des Wahlcomputers verschlüsselt und wird hierdurch zur Signatur für das Votum.

Da die Hashfunktion öffentlich bekannt ist, kann jeder, also auch die Urnen-Datenbank, selbst einen Hashwert von einem Dokument erzeugen und diesen mit der entschlüsselten Signatur vergleichen. Kommt das Gleiche heraus, hat der Inhaber des Geheimschlüssels – der Wahlcomputer – dieses Dokument beglaubigt. Der Wahlcomputer wiederum erzeugt für jeden Wähler nur eine einzige Signatur für ein Votum. Reicht der Wähler andere Hashwerte beim Wahlcomputer ein, bekommt er keine neue Signatur dafür. Mit anderen Worten: kann kein Wähler mehr als eine Stimme abgeben.

Jetzt sind wir schon ein Stückchen weiter. Aber woher weiß man nun, welcher öffentliche Schlüssel wem gehört? Muss man sich dazu die lange Zahl nebst dem Namen notieren? Und woher weiß man, dass man die richtige Zahl notiert hat und keinem Betrüger aufgesessen ist?

Hier schafft das Zertifikat, zu dem wir nun auch endlich kommen, Sicherheit und Ordnung. Um den öffentlichen Schlüssel an eine bestimmte Person oder Organisation zu binden, werden die Daten des Inhabers des Geheimschlüssels (Name, Anschrift) sowie die einer öffentlich bekannten Beglaubigungsstelle (Name, Anschrift, Zertifikatnummer) in eine Datei zusammengepackt und diese von der Beglaubigungsstelle signiert. Es entsteht so ein Zertifikat.

Da per Voraussetzung jeder der Beglaubigungsstelle vertraut, diese sich durch ein unabhängiges Verfahren vor der Signatur eines Zertifikates von der Identität der Person oder Organisation überzeugt hat und selbst auch ein Zertifikat zur Prüfung ihrer Signaturen bereitstellt – dieses Zertifikat muss sie selbst signieren – kann nun nach dem oben angerissenen Verfahren jeder überprüfen, dass der öffentliche Schlüssel tatsächlich dem angeblichen Inhaber gehört.

Zertifikate tauchen nun mehrfach im Gesamtverfahren auf, weshalb der Zusammenhang noch einmal mit den Abläufen auf Ihrem Rechner erläutert sei:

- Wenn Sie sich beim Server der Wahlbehörde mittels SSL-Verschlüsselung anmelden (Angabe der Internetdomain des Wahlcomputers im Adressfeld des Browsers), tauscht dieser mit dem Browser sein Server-Zertifikat aus, das mit dem Zertifikat der angegebenen Beglaubigungsstelle überprüft wird. Zertifikate von Beglaubigungsstellen sind in Ihrem Browser fest eingebaut, und Sie können sie sich anschauen, wenn Sie in den Einstellungen des Browsers nach dem Begriff „Zertifikate" suchen und „Zertifizierungsstellen" auswählen. Das funktioniert mit jedem Browser, gleich ob Sie den InternetExplorer, Firefox, Chrome oder einen anderen verwenden.

- Übersteht das Zertifikat diese Prüfung, wird nun der Schlüssel für die verschlüsselte Verbindung ausgehandelt. Das funktioniert nur, wenn der Server auch den Geheimschlüssel zu dem Zertifikat besitzt. Mit gestohlenen Zertifikaten endet die SSL-Sitzung hier, da kein gültiger Schlüssel ausgehandelt werden kann. Wenn das Zertifikat nicht von einer der installierten Beglaubigungsstellen signiert ist, erhalten Sie eine bunte Fehlermeldungen in schreienden Farben und müssen mindestens zweimal bestätigen, dass Sie weitermachen wollen (machen Sie in diesem Fall natürlich nicht!). Ist alles in Ordnung erhalten Sie ein grünes Feld im Adressfenster der Browsers. Sie kennen dies, wenn Sie beispielsweise Internet-Banking betreiben, und können nun sicher sein, sich mit dem Wahlcomputer verbunden zu haben.

- Haben Sie selbst ein Zertifikat, beispielsweise von Ihrem Ausweis, kann der Browser dieses anstelle einer Name/Kennwort-Eingabe an den Server senden, der es ebenfalls überprüft. Auch hier muss eine gültige Signatur einer Beglaubigungsstelle vorliegen, außerdem wird eine Frage vom Server gestellt, die Sie nur mit Hilfe Ihres Geheimschlüssels beantworten können. Der Browser nimmt Ihnen die Details ab und fragt Sie nach dem Kennwort, mit dem der Geheimschlüssel auf dem Ausweis gesichert ist. Mit einem gestohlenen Zertifikat (ohne Geheimschlüssel) oder ohne Ihre Kennwort für den Geheimschlüssel kann sich niemand für Sie ausgeben. Der Wahlcomputer kann also ebenfalls sicher sein, dass er Sie vor sich hat.

Besitzen Sie kein Zertifikat, bietet Ihnen der Server ein Menü zur Eingabe von Name und Kennwort wie in anderen Serveranwendungen an. Der Erfolg bei richtiger Angabe ist der gleiche wie beim Zertifikat. Der Wahlcomputer liefert Ihnen nun das für Sie gültige Wahlformular aus, dass Sie sich nun in Ruhe anschauen und ausfüllen können.

Wir sind mit dem Votum aber noch nicht fertig. Es darf ja vor Ende der Wahl nicht bekannt werden, wo die Kreuzchen stehen. Das Votum muss also in einer verschlüsselten Form abgeliefert werden, die zudem noch individuell für jeden Wähler anders aussehen muss, damit man keine Rückschlüsse aus gleichen verschlüsselten Voten ziehen kann. Das ist zum Glück recht einfach zu erreichen.

Nach dem Ausfüllen des Wahlformulars verschlüsselt der Wähler dieses mit einem zufällig gewählten Schlüssel mit einem symmetrischen Verschlüsselungsverfahren, beispielsweise dem sicher dem Namen nach bekannten AES-Verfahren. Symmetrische Verfahren verwenden für die Ver- und Entschlüsselung den gleichen Schlüssel, können allerdings nur Päckchen von 8-16 Byte in einem Durchgang verschlüsseln. Da ein Formular deutlich größer sein wird, beispielsweise in der Größenordnung 50.000 Byte, müssen entsprechend viele Päckchen gebildet und verschlüsselt werden, bis das Dokument aufbereitet ist.

Wenn man es noch besser machen will, verwendet man Rückkopplungsverfahren, die das Ergebnis eines Verschlüsselungsschritts mit dem Klartext des nächsten Paket verknüpfen. Selbst gleiche Päckchen innerhalb eines Paketes bekommen dann ein völlig anderes Aussehen, so dass Analysen vollends unmöglich werden. Zwingend notwendig ist das zwar nicht, da der Wähler als Schlüssel eine Zufallzahl verwendet. Dadurch sehen die Verschlüsselungsergebnisse aller Wähler, die die gleiche Wahlentscheidung getroffen haben, trotzdem unterschiedlich aus, d.h. man kann aus dem verschlüsselten

Formular keine Rückschlüsse auf den Inhalt ziehen. Aber da bessere Verfahren existieren, sehen wird ihren Einsatz grundsätzlich vor.

Nach Ablauf der Wahl muss das Votum wieder entschlüsselt werden, und dazu benötigt man den Zufallsschlüssel eines jeden Wählers. Diesen verschlüsselt der Wähler mit dem öffentlichen Schlüssel der Datenbank und hängt diese Information an das verschlüsselte Votum an. Den öffentlichen Schlüssel bekommt er aus einem Zertifikat, das für die Datenbank erstellt wurde und mit Hilfe einer Beglaubigungsstelle verifiziert werden kann.

Im Unterschied zu den vorhergehenden Prüfungen wird der private Schlüssel der Datenbank aber noch nicht eingesetzt. Dieser bleibt bis zum Ende der Wahl im Panzerschrank eines Notars und wird erst dann öffentlich freigegeben. Erst nach Wahlende kann die Datenbank daher die Voten entschlüsseln, und da der Schlüssel öffentlich bekannt gemacht wird, kann das jeder andere auch und die Ergebnisse so kontrollieren.

Das verschlüsselte Votum ist noch nicht ganz komplett, denn der Wähler hätte hier noch eine Betrugsmöglichkeit. Jeder Wähler muss ja das spezifische Formular für seinen Wahlkreis ausfüllen. Macht er das? Der Wahlcomputer kann das weder am verschlüsselten Dokument noch an einem davon berechneten Hashwert erkennen, und der Wähler könnte sich daher auch ein anderes Formular besorgen und dieses einreichen. Das fällt zwar in der Auszählung auf, aber welches Votum enthält den Betrug?

Um den Betrug zu verhindern, nutzen wir wiederum Signaturen und die Eigenschaften der RSA-Verschlüsselung:

- Wahlcomputer und Urne stellen öffentlich eine Liste der leeren Wahldokumente mitsamt einer Signatur bereit.

- Der Wähler fügt seinem (verschlüsselten) Dokument im Klartext die Nummer des für ihn zuständigen Formulars an, berechnet einen Hashwert für das komplette

Dokument einschließlich dieser Nummer und sendet den Hashwert an den Wahlcomputer.

- Der Wahlcomputer weiß, welches Formular der Wähler hätte ausfüllen müssen, und multipliziert den Hashwert nach den oben beschriebenen Methoden mit dem Signaturwert des leeren Formulars. Das Ergebnis verschlüsselt er mit dem Geheimschlüssel zu einer Signatur und übergibt diese dem Wähler.

- Der Wähler fügt die Signatur an sein Dokument an und sendet alles an die Urne.

In der Urne wird an verschiedenen Stellen geprüft, ob ein korrektes Votum vorliegt:

- Bei der Abgabe wird der Hashwert berechnet, mit dem Signaturwert des angegebenen Formulars multipliziert (die Nummer ist ja im Klartext mitzuliefern) und geprüft, ob die entschlüsselte Signatur herauskommt. Wenn nicht, hat der Wähler eine falsche Formularnummer verwendet oder sonstwie gemogelt, und die Stimme ist ungültig und wird verworfen.

- Nach Entschlüsseln der Voten prüft die Urne, ob das entschlüsselte Formular bis auf die Wahlkreuze identisch ist mit dem Leerformular. Wenn nicht, hat der Wähler gemogelt, und das Votum ist ungültig.

- Die Urne prüft, ob das Votum eine korrekte Anzahl von Kreuzen in den jeweiligen Bereichen besitzt. Wenn nicht, ist das Votum ungültig.

Die Urne speichert nur Voten mit gültigen Signaturen (das Votum selbst kann nach Entschlüsselung trotzdem eine ungültig gemachte Stimmabgabe sein), da ansonsten versucht werden könnte, die Datenbank durch eine große Menge an Datenmüll zu sabotieren. Das ist kein Unterschied zur Wahl im Wahllokal, denn die Wahlhelfer werden Sie auch dort daran hindern, statt des ausgegebenen Stimmzettels eine Rolle Klopapier in die Urne zu stopfen. Statistisch fällt diese Zahl trotzdem auf, denn die Anzahl der von den Wahlcomputern ausgestellten Signaturen ist größer als die Anzahl der Voten in der Urne, wenn solche Mogeleien versucht werden.

Fertig? Nicht ganz! Der Wähler kann für die Ausstellung der Signatur dem Wahlcomputer nämlich nicht einfach den Hashwert zusenden. Der könnte sich den nämlich heimlich notieren und damit später ermitteln, was der Wähler gewählt hat. Deshalb „blendet" der Wähler den Hashwert mit einer Zufallzahl, die er mit dem öffentlichen Schlüssel des Wahlcomputers verschlüsselt hat, und sendet diese geblendete Information an den Wahlcomputer, der sie signiert und zurückschickt. Aus der Signatur wird der Blendwert wieder heraus gerechnet, und der Wähler hat die gültige Signatur für die Datenbank.

Mit Erstellen der Signatur wird der Wähler für weitere Wahlvorgänge gesperrt. Die fertige Signatur kann er beliebig oft vom Wahlcomputer abrufen, aber sie gilt nur für das eine eingereichte Dokument.

Die Blendung besteht im RSA-Rechenschema einfach aus der Multiplikation des Hashwertes mit der potenzierten Zufallzahl. Wenn man eine Zahl mit dem öffentlichen Schlüssel potenziert und der Wahlcomputer anschließend das Gleiche mit seinem privaten Schlüssel macht, kommt die ursprüngliche Zahl wieder zum Vorschein. Das können Sie wie oben beschrieben ausprobieren. Dem Produkt kann man jedoch nicht ansehen, aus welchen Faktoren es gebildet wurde.

Verschlüsselt der Wahlcomputer nun das Produkt mit dem privaten Schlüssel, so erzeugt er aus dem Faktor Hashwert eine Signatur und entschlüsselt gleichzeitig die Zufallzahl des Wählers. Sendet er das Ergebnis zurück, so braucht der Wähler nur durch seine unverschlüsselte Zufallzahl zu dividieren und hat nun den signierten Hashwert, während der Wahlcomputer keine Ahnung hat, für was er da eine Signatur ausgestellt hat. Es liegt dabei im Interesse des Wählers, dabei alles korrekt zu machen, wenn er gültig wählen will. Natürlich kann er sich auch ein Dokument mit üblen Beschimpfungen in der passenden Größe signieren lassen, aber diese Stimme ist später eben ungültig.

So weit ist der Wähler nun im Besitz eines gültigen Votums, dessen Inhalt nur er kennt, und er muss dieses Votum nun bei der Wahldatenbank einreichen. Diese prüft, ob die eingereichten Daten die korrekte Größe besitzen, gültig signiert sind und sich der Datensatz sich noch nicht in der Datenbank befindet. Stimmt alles, trägt sie das Votum mit einer fortlaufenden Nummer in die Tabelle ein.

Die fortlaufende Nummer hat ebenfalls eine Funktion: jeder Wähler kann sich nun während der Wahl jederzeit überzeugen,

- dass seine Stimme korrekt gespeichert wurde (er kann beispielsweise einen Nummernbereich abfragen und so sein Votum reproduzierbar finden),

- dass auch andere Abgaben korrekt sind und keine anderen Stimmen gelöscht oder verändert wurden, da sonst die fortlaufende Nummerierung nicht mehr stimmt.

Prüfen hinreichen viele Wähler auf diese Weise ihre Stimmabgabe, hat die Wahldatenbank nur äußerst geringe Chance zu einem erfolgreichen Betrug.

Mittels der fortlaufenden Nummer könnte natürlich doch jemand auf die Idee kommen, einen Wähler genauer einzugrenzen. Um dieses Problem abzuwenden, sehen wir uns den Vorgang der Stimmabgabe genauer an, denn ein Problem besteht auch in der Abgabe selbst. Die Wahldatenbank könnte sich die IP-Adresse des Wählers merken und damit doch seine Identität aufdecken. Mit gefälschten IP-Adressen zu arbeiten scheidet aus, da die meisten Rechner keinen direkten Internetzugriff haben, sondern aus privaten Intranets über einen Router die Daten senden. Router spielen jedoch beim Fälschen von IP-Adressen nicht mit.

Das Problem lässt sich aber durch Relaisfunktionen beheben, wenn die Wähler ein wenig kooperieren:

- Für die Dauer der Wahl werden die IP-Adressen kooperierender Wählercomputer vom Wahlcomputer in einer Liste gesammelt und öffentlich zur Verfügung gestellt. „Kooperation" kann man durch Ankreuzen eines entsprechenden Feldes während des Wahlvorgangs signalisieren.

- Zur Abgabe einer Stimme lädt der Rechner des Wählers zufällig einen kooperierenden Computer aus der Liste so aus, dass der Wahlcomputer nicht weiß, welcher nun gewählt wurde. In der Praxis kann dies nach einem ähnlichen Mechanismus wie bei Skype oder der TOR-Software erfolgen: der Wählercomputer besorgt sich einige tausend IP-Adressen und „bohrt" mit Hilfe des Lieferanten ein Loch in die Firewall eines dieser Rechner. Gegebenenfalls kann das mehrfach erfolgen, d.h. der tatsächlich verwendete Relaisrechner muss noch nicht einmal der abgerufenen Liste entstammen.

- An den Relaisrechner wird nun das Votum versandt und von dort postwendend an die Wahldatenbank weiter gesendet. Diese weiß nun nicht, ob die IP-Adresse tatsächlich dem Wähler gehört, der die Stimme abgibt, oder einem kooperierenden System. Selbst wenn nicht alle Wähler sich an diesem Verfahren beteiligen wollen oder können, besteht keine Möglichkeit auf korrekte Rückschlüsse.

Alternativ kann man natürlich auch direkt TOR verwenden oder weitere Mechanismen aus dem TOR-Projekt einbauen, damit auch der Relaisrechner nicht weiß, was er transportiert. Es hängt ein wenig von der persönlichen Paranoia ab, wie weit man die Verschleierung trieben möchte. Aber auch hier ist wieder zu betonen, dass es sich um etablierte Technik handelt und nicht speziell für ein E-Voting erfunden werden muss.

Um diese Art der Stimmabgabe abzusichern ist allerdings eine Quittung der Urne notwendig. Der Relaisrechner könnte ja das Weiterleiten unterdrücken oder aus anderen Gründen (beispielsweise akute Spannungsnot wegen Betätigung des Ausschaltknopfes durch den Betreiber) seine Aufgabe nicht erfüllen. Die Quittung besteht aus der laufenden Nummer und dem Hashwert des übermittelten Datensatz, alles signiert von der Urne. Wird ein Votum auf einem anderen Weg ein weiteres Mal bei der Urne angeliefert (auch das kann passieren, weil beispielsweise die Quittung verloren gegangen ist), sendet diese nur nochmals die Signatur zurück, registriert es aber nicht neu.

Damit sind wir endlich am Ende angekommen. Jeder kann während oder nach der Wahl kontrollieren, dass seine Stimme korrekt berücksichtigt wurde, und verfügt auch über eine Quittung für seine Stimmabgabe. Außerdem kann jeder nach der Wahl auch die komplette Datenbank auch selbst herunterladen und auf seinem eigenen Rechner überprüfen und auswerten. Eine Betrugsmöglichkeit durch die Wahlorganisation besteht nicht.

Nachdem wir nun technisch nachgewiesen haben, dass ein E-Voting alle Anforderungen erfüllt und in Teilen sogar besser ist als die herkömmlichen Wahlverfahren, bleiben nun noch zwei wichtige Gretchenfragen zu klären:

- Wie kann das System sabotiert werden und kann man das verhindern?
- Was kostet das Ganze?

Praktische Durchführung

Es gibt ca. 62 Mio Wahlberechtigte in der BRD (da man dazu übergeht, Ausländern, die gar keine Deutsche sein wollen, einen deutschen Pass hinterher zu werfen, werden es demnächst wohl noch ein paar mehr werden), die in ca. 300 Wahlkreisen organisiert sind (Anzahl der direkt gewählten Kandidaten). Potentiell muss man damit rechnen, dass tatsächlich jeder zur Wahl gehen will, d.h. die Maschinen müssen in der Lage sein, diese Menge an Wählern zu bewältigen.

Eine Wahl dauert derzeit in Deutschland einen Tag, was allerdings der Organisation eines Wahllokals geschuldet ist. Immerhin muss man Räume anmieten oder organisieren, Personal, das alles vorbereitet und nachbereitet, bereitstellen, und Personal, das die Wahl durchführt. Für die Briefwahl gilt

„Bei Übersendung per Post sollte der Wahlbrief in Deutschland spätestens am dritten Werktag vor der Wahl abgesandt werden, um den rechtzeitigen Eingang sicherzustellen."

Briefwähler müssen sich somit bereits am Donnerstag entschieden haben, im Wahllokal kann man bis Sonntag darauf warten. Da E-Voting im Vergleich mit den anderen Wahlmöglichkeiten den wenigsten organisatorischen Aufwand verursacht, bietet sich als Wahlperiode beispielsweise die Zeit von Freitag 0:00 Uhr bis Sonntag 18:00 Uhr an. Der Zeitraum fällt im Vergleich mit den Wahlzeiten in anderen Ländern keineswegs aus dem Rahmen, entlastet ein wenig die Technik und erschwert nicht unerheblich eine Sabotage der Wahl.

Der Wahlvorgang besteht aus folgenden Abläufen:

- Anmeldung beim Wahlcomputer und Aufbau einer SSL-Verbindung. Da manche Wähler vermutlich zuerst nur ihr Wahldokument abrufen und erst später die Signatur anfordern, ist dieser Vorgang ca. 100 Millionen mal zu bewältigen.

- Identifikation und Prüfung des Wählers durch Name/Kennwort-Abgleich oder Zertifikat. Auch für diesen Vorgang kann man etwa 100 Mio. Anfragen veranschlagen.

- Ausgabe des Wahlformulars von ca. 50-100 kB, das an den Wähler zu übertragen ist. Hierbei handelt es sich um den größten Datenblock, der zu bewältigen ist.

- Erstellung der Signatur für das Wahlformular und Austausch mit dem Wähler.

- Abgabe des Votums (wieder ca. 50-100 kB Daten) an die Wahlurne nebst Ausstellen einer Quittung.

Bei den genannten Zahlen handelt es sich um die maximal möglichen Werte. Da nicht alle Wähler tatsächlich wählen und zumindest bei den ersten Wahlen der Andrang überschaubar sein dürfte, kommt wesentlich weniger Datenverkehr zu Stande. Wenn man beim 1. Versuch von weniger als 20% der Zahlen ausgeht, dürfte man schon großzügig disponiert haben.

Die verschiedenen Funktionen sind auch auf Netzwerkebene zu trennen:

- Die Arbeit des Wahlcomputers muss mehr oder weniger in Echtzeit erfolgen, d.h. der Wähler muss bedient werden, während er vor dem Bildschirm sitzt.

- Die Abgabe der Stimme kann mit weiteren Anonymisierungsschritten verbunden sein, darf also durchaus Verzögerungen enthalten, muss jedoch sicher gewährleistet werden.

- Die Kontrolle der Urne während des Wahlvorgangs, die im obigen Schema gar nicht berücksichtigt ist, da sie nicht zum unmittelbaren Wahlgeschehen gehören, hat die niedrigste Priorität, d.h. hier darf es durchaus zu Wartezeiten kommen, wenn das System eine hohe Last von Anfragen erhält.

Für alle Bereiche können daher unterschiedliche Netzwerkzugänge (IP-Adressen, Domainennamen) eingerichtet werden, um Engpässe zu vermeiden. Werden pro Funktionsbereich mehrere Zugangspunkte (IP-Adressen) eingerichtet, kann man versuchen, diese in unabhängigen Segmenten des Gesamtnetzes zu installieren. Das würde Sabotageangriffe erheblich erschweren, hängt allerdings auch von weiteren Eigenschaften der Netzwerktopologie ab, die an dieser Stelle kaum zu analysieren sind.

Realisierungen des Wahlnetzes könnte zentral oder dezentral projektiert werden. Eine zentrale Lösung besteht in der Wahlzeit aus (stolpern Sie nun bitte nicht über die Fachvokabeln)

- 2 örtlich getrennte Rechenzentren
- web-loadbalancing-applicance
- application-cluster
- db-cluster

und ist einschließlich Aufbau und Test im günstigsten Fall für vielleicht 400.000 – 500.000 EUR für einen Monat Laufzeit zu haben. Außerhalb der Wahlzeit braucht man nur noch die Datenbank für Archivanfragen vor zuhalten, was deutlich weniger kostet.

Die Kosten hängen natürlich stark davon ab, ob man sich selbst eine passende Hardware zulegt oder die Anlagen für den Zeitraum einer Wahl anmietet. Anlagen dieser Größenordnung wären nur für eine Bundestagswahl notwendig, für andere durchführende Wahlen wie Landtagswahlen oder Kreis- und Kommunalwahlen kommt man mit weniger Technik aus, auch wenn hier Wahlen zeitgleich ablaufen.

Derzeit entstehen Kosten von ca. 63 Mio. € bei einer Bundestagswahl, also ca. 1 € pro Wahlberechtigtem. Diese Kosten beinhalten Papier, Versand, Wahlpersonal, Mietkosten und einiges andere. Durch eine breite Akzeptanz des E-Votings sinken diese Kosten, allerdings erst mit einer gewissen Verzögerung. Nehmen wir an, die Kosten gehen durch breite Akzeptanz des E-Votings vor allen Dingen bei den jüngeren Wählern auf ca. 40 Mio. € zurück, dann blieben 20 Mio. €. Mit dieser Summe ließe sich ohne Weiteres auch ein staatseigenes Wahlrechenzentrum betreiben. In dieser Rechnung ist nicht berücksichtigt, dass

- die Kosten in Investition und Betrieb zu unterteilen sind und nach höheren Anfangsinvestitionen niedrigere Betriebskosten anfallen,

- auch alle anderen Wahlen abgewickelt werden, was auch dort zu Kostenreduktion führt, ohne dass die Kosten für die Wahlzentrale merklich steigen,

- diese Rechnung für ein Wirtschaftsunternehmen gilt. Überlässt man die Organisation komplett dem Staat und setzt auch noch Spezialisten wie etwa die für den Flughafen Berlin-Brandenburg verantwortlichen SPD-Politiker an die Spitze, können aus 20 Mio. € auch locker schon einmal 200 Mio. € werden, ohne dass hinten etwas herauskommt.

Trotzdem: selbst wenn man recht luxuriös vorgeht, dürften die notwendigen Summen den Staat kaum an den Rand des Ruins drängen und später bzw. bei geschickter Nutzung sogar zur Kostenreduktion beitragen. Außerdem braucht man nicht sofort eine abschließende Entscheidung zu treffen, sondern kann die ersten Wahlen mit gemietetem Equipment durchführen.

Dezentrale Lösungen sind eine andere/zusätzliche Option und können mit Mini-Rechenzentren für jeden Wahlkreis durchgeführt werden, die im Störfall auch füreinander einspringen können. Das

Rangieren des Wählers zum für ihn zuständigen Rechenzentrum lässt sich automatisieren, macht also nur etwas mehr Softwareaufwand. Die Urnen können beliebige Voten entgegen nehmen. Zusätzlich zu der laufenden Nummer in der Datenbank wird die Urnennummer in der Bestätigung aufgelistet, und vor der Auswertung der Stimmen ist ein Abgleich der Datenbanken notwendig, da ein Wähler seine Stimme erfolgreich bei mehreren Urnen abgeben kann. Auch das ist allerdings nur ein zusätzlicher Softwareaufwand und würde am Gesamtverfahren nichts ändern. Eine dezentrale intelligente Lösung würde weitere Sicherheit in Bezug auf mögliche Sabotageversuche bringen.

Rein formal könnte der Staat dezentrale Lösungen fast aus dem Stand stemmen: allein die Rechenzentren der Hochschulen sollten in der Lage sein, den notwendigen Maschinenpark bei zusteuern. Allerdings sind mit dezentralen Lösungen auch Sicherheitsrisiken verbunden: Wählerdaten des Wahlcomputers könnten kompromittiert werden, und da sie unmittelbar mit den Melderegistern verbunden sind, wäre das ein gravierendes Problem.

Wägt man solche Sicherheitsprobleme ab, ist langfristig eine staatseigene zentrale Lösung vermutlich die beste. Und vermutlich ließe auch diese sich mit vorhandenen Mitteln bereits realisieren. So als Unkenruf zu dem Thema: allein der BND hat beispielsweise in den letzten Jahren eine neue Hütte in Berlin für rund 1 Mrd. € bekommen, wobei ein guter Teil in Rechnertechnik investiert ist. Diese Hardware sollte eine Wahl eigentlich eben mal so nebenbei erledigen können, und die Daten der Bürger werden ohnehin schon auf diesen Maschinen gespeichert, so dass neue Sicherheitsrisiken entfallen.

Bezüglich der notwendigen Software beim Wähler – Applets/Skripte für die Ausfüllung des Stimmzettels, Signaturerstellung, Relaissoftware für die Stimmabgabe, Auswertungsprogramme für die Ergebnisse – sind

OpenSource-Konzepte die geeignete Lösung, um Misstrauen bei den Bürgern zu mindern (bei der zentralen Software ist eine solche Offenheit weder notwendig noch aus verschiedenen Gründen möglich). OpenSource-Software ist zwar in letzter Zeit auch etwas ins Gerede gekommen (SSL/TLS-Unsicherheit, TrueCrypt-Unsicherheit, wobei TrueCrypt gar kein echtes OpenSource-Projekt war), aber immerhin besteht die Möglichkeit, alles zu prüfen, während Lücken bei kommerziellen Produkten gar nicht erst bekannt werden, weil beispielsweise die bekannte Firma KleinstWeich alle, die eine Lücke finden und veröffentlichen, mit kostspieligen Gerichtsverfahren wegen Verletzung des Urheberrechts überzieht. Auffallende Lücken werden heimlich geschlossen, absichtlich eingebaute gar nicht erst gefunden.

OpenSource macht meistens auch vom Betriebssystem unabhängig, da frei zugängliche Quellcodes für andere Systeme neu übersetzt werden können. Kommerzielle Software entsteht meist für Windows, vielleicht noch für Apples MacOS, aber fast nie für Linux, während Linux-Nutzer in der Regel einen guten Grund haben, die anderen Systeme nicht zu nutzen. Unabhängigkeit von der Plattform wäre aber Voraussetzung für das E-Voting (einige Details der Datenbankverbindungen zwischen den verschiedenen staatlichen Stellen bleiben von der Öffentlichkeit der Software und Datenbankstrukturen natürlich unberührt). Am leichtesten wäre eine systemunabhängige Software in Form signierter Java-Anwendungen zu realisieren, weil Java-Maschinen für jedes Betriebssystem erhältlich sind und signierte Applets für die Browser auch automatisch installiert werden können, was dem Kreis technisch nicht so versierter Wähler entgegen kommen dürfte.

Der Funktionsumfang der Software dürfte sehr überschaubar sein, wenn man verschiedene Mätzchen verzichtet, die in den schöner-größer-bunter-Anwendungen meist verbaut sind. Es dürfte daher möglich sein, für Fachleute recht überschaubaren Code zu generieren, was die Prüfmöglichkeiten vereinfacht.

Überschaubarer Code besitzt potentiell weniger Löcher, die sich als Einbruchswege für Hacker anbieten. Als Staatsbürgerprojekte bieten sich Prüfungen an Hochschulen im Rahmen von Informatikstudiengängen an. Das aber nur nebenbei.

Bei gemieteten Systemen sind natürlich noch weitere Sicherheitsmaßnahmen zu treffen, um Datenlecks zu vermeiden. Auf diesen Bereich kann man erst dann gezielt eingehen, wenn man die Gesamtinfrastruktur kennt. Wenn man sich die Erfahrungen der US-Amerikanern mit WhistleBlowern anschaut – ein Privat Frist Class (Obergefreiter) hat Zugriff auf geheime Pentagon-Daten, ein externer Berater kann die Vorgänge in der NSA im Detail analysieren, und beide können die Daten obendrein im größeren Stil exportieren – gibt es hier offenbar sehr viel Unfug, den man machen kann.

Um dem Leser ein Bild zu vermitteln, wie es laufen könnte, sei auf Action-Filme wie „Mission impossible" verwiesen. Eine Reihe von Details sind sicher der Dramatik des Film geschuldet, aber eine durchgehende Verschlüsselung der Daten, die sich nur von dazu berechtigten Personen öffnen lässt, und physikalisch hoch gesicherte Terminals, von denen ausschließlich die Verwaltung des Ganzen erfolgen kann, sind keine Filmfantasien sondern machbarer Stand der Technik. Ein gewöhnlicher Feld-, Wald- und Wiesentechniker, der zufällig einen Router bedient und dort alles unverschlüsselt lesen kann, entspricht nicht dem Stand der Technik.

Seien wir also optimistisch: mit entsprechender Sorgfalt lassen sich die Sicherheitslücken vermeiden, und Öffentlichkeit der Strategien, zumindest was die Wählerdaten betrifft, dürfte hier eine positive Wirkung haben.

Wie gut die privaten Rechner der Wähler gesichert sind, muss uns zunächst nicht weiter kümmern, da dies in den privaten Bereich des Nutzers gehört (weiter unten wird uns das doch noch zum Kümmern zwingen, aber aus anderen Gründen). Wer keine

Vorsichtsmaßnahmen gegen Hacker ergreift, darf sich nicht wundern, wenn sich die eine oder andere Schadsoftware auf seinem Rechner einschleicht. Durch die Wahlsoftware sollte sich daran zumindest nichts verschlechtern. Kompromittierte Rechner können dem Hacker aber höchstens Daten verraten oder den Dienst verweigern; am Wahlvorgang können sie nichts manipulieren.

Netzwerkausfälle sollten auf zentraler Ebene keine Rolle spielen, da diese System in der Regel mit Fallback-Systemen ausgestattet sind, die übernehmen, wenn eine Maschine ausfällt. Eine Redundanz für die Wahlcomputer selbst haben wir oben schon vorgesehen. Möglich ist aber noch ein Ausfall auf lokaler Ebene, d.h. die letzte Meile zum Wähler bricht zusammen. Hierauf kann mit verschiedenen Mitteln/Maßnahmen reagiert werden:

- Die Provider reparieren ihre Netze zwar in der Regel relativ schnell, gehen aber mit dem Ausfallproblem gegenüber ihren Kunden recht lax um. Theoretisch ist es durchaus möglich, dass ein Provider seine Kunden bis Montag schmoren lässt, wenn am Samstag die Leitungen ausfallen. Durch entsprechende gesetzliche Vorschriften kann man die Provider aber durchaus zu mehr Ernsthaftigkeit zwingen, zumindest was Fehler in den Vermittlungsknoten angeht.

- E-Voting kann am PC, IPad oder IPhone bzw. äquivalenten Geräten durchgeführt werden. Da viele Nutzer über mehrere Gerätetypen verfügen, kann bei Störungen bereits ein Teil abgefangen werden. Welche Geräte dem Wähler potentiell zur Verfügung stehen, kann beispielsweise in den Wählerdaten angegeben werden.

- Es können WLAN-Access-Points genutzt werden, sofern der Wähler über ein mobiles Gerät mit WLAN-Schnittstelle verfügt. Auch diese Möglichkeit könnte vorab in den Wählerdaten vororganisiert werden.

- Es können Geräte öffentlicher Einrichtungen für die Nutzung bei der Wahl angeboten werden (Bibliotheken, Schulen). Dafür müsste für einen begrenzten Zeitraum vor dem Wahlende Bereitschaftspersonal organisiert werden (wenn der Ausfall zu Beginn stattfindet und die Störung relativ schnell behoben wird, sind Notfallmaßnahmen nicht notwendig).

- Der hilfsbereite Nachbar sei am Rande ebenfalls erwähnt.

Ausfälle sind sehr genau zu dokumentieren, um der Einrede, die Wahl sei verhindert worden, entgegentreten zu können. Fällt selektiv das Gerät des Wählers aus, ist dies kein Grund für eine Beschwerde; schließlich wird es ja auch nicht anerkannt, dass man infolge einer Autopanne nicht zum Wahllokal gekommen ist.

Das Problem zufälliger Störungen lässt sich durch ein wenige Pragmatismus somit beseitigen, es bleibt aber noch das Problem einer Sabotage der Wahl, wobei wir uns auf die Sabotage der zentralen Einrichtungen konzentrieren (eine Sabotage einer merklichen Anzahl privater Geräte ist unwahrscheinlich). Dies ist das noch offene und inzwischen meist verwendete technische Hauptargument der Politik gegen eine Internetwahl. Eine Sabotage-Aktion besteht aus DDoS-Angriffen gegen die Server. DDoS bedeutet „distributed denial of service". Bei dieser Angriffsart verbinden sich so viele Rechner mit jeweils vielen Verbindungen gleichzeitig mit dem Server, dass dieser überlastet ist und die regulären Nutzer nicht mehr zum Zug kommen.

Es gibt verschiedene Arten von DDoS-Angriffen. Eine normale Interaktion eines Clientrechners mit einem Server besteht aus dem Öffnen der TCP-Verbindung, dem Austausch der SSL-Daten, der Anfrage des Clientrechners nach einer Seite für den Browser und den Antwortdaten und ist nach einigen Millisekungen erledigt. Die meiste Zeit, die der Anwender vor dem Bildschirm verbringt, um beispielsweise seinen Namen und das Kennwort einzutragen, besteht keine aktive Serververbindung, so dass dieser in der Zeit bis zum Absenden der Anmeldeinformationen andere Nutzer bedienen kann. Bei der häufigsten Art von DDoS-Attacken öffnet ein Rechner mehrere Verbindungen hintereinander, ohne diese aber zu bedienen. Da Verzögerungen auch im Normalbetrieb auftreten können, muss der Server eine in den Internetprotokollen definierte Zeit warten, bis er die Verbindung wieder freigeben kann. Sind so alle zulässigen Verbindungen belegt, ist der Server blockiert, und der normale Nutzer kommt nur in das System, wenn eine Verbindung frei wird und er zufällig schneller ist als der nächste Angreifer.

Ein Clientrechner alleine kann einen Server in der Regel nicht blockieren, zumal die Abwehrsysteme das erkennen und die IP-Adresse des Angreifers sperren, so dass keine weiteren Verbindungen belegt werden. Um seine IP-Adresse fälschen zu können, muss der Hacker aber direkten Internetzugang besitzen. Das trifft nur auf Profis zu; private Nutzer verbinden sich jeweils über einen Router mit ihrem Provider, und der tauscht gnadenlos die internen IP-Adressen des Nutzers gegen seine offizielle Adresse aus. Professionelle Nutzer greifen aber selten direkt mit ihren eigenen Maschinen an, da sie Gefahr laufen enttarnt zu werden.

Man kann jedoch auch viele Clientrechner veranlassen, solche einen Angriff gleichzeitig zu starten. Auch die Abwehrsysteme bekommen das nur unzureichend in den Griff, wenn sehr viele Rechner gleichzeitig operieren. Hierbei handelt es sich meist um Rechner ganz normaler Nutzer, die von Viren oder Troianern befallen sind, die einem Hacker im Hintergrund die Koordination und Durchführung solcher Aktionen ermöglichen. Die Nutzer selbst wissen in den wenigsten Fällen davon, weil die Hacker auch gar nicht daran interessiert sind, aufzufallen.

Bei Zerfall der Sowjetunion sind nicht wenige Geheimdienstexperten arbeitslos geworden, die sich nun privat auf dieses Geschäft spezialisiert haben (was nicht heißt, dass die anderen Geheimdienste nicht gleiches ebenfalls auf eigene Rechnung hoch offiziel im Auftrag ihrer Regierungen betreiben). Es existieren mehrere 1.000 Bot-Netze von bis zu 5 Mio. durch die Hacker kontrollierten PC, die mehr oder weniger synchron zuschlagen können. Wenn beispielsweise ein Drittel der kontrollierten PCs eingeschaltet sind und jeder nur 5 solche unvollständigen Anfragen pro Minute aussendet, können die Abwehrsysteme keine Sperregeln einrichten, der Eigentümer des Rechners merkt die Anfragen noch nicht einmal, wenn er selbst heftig im Internet surft, und am Server kommen 85.000 Verbindungsanfragen pro Sekunde an. „Ende der Kommunikation!", wie es in einem Kinofilm heißt.

Solche Netze kann man sogar stunden- und aktionsweise mieten, wobei die Preislisten und Bestellformulare natürlich nicht im für jeden zugänglichen Online-Bereich liegen. Unternehmen und andere Organisationen dürften aber kaum Probleme haben, an die notwendigen Informationen zu kommen, wenn sie es wirklich wollen. Wenn Sie ein E-Voting stören wollen und zufällig ca. 200.000 € zu viel in der Tasche haben, haben Sie eine Chance, so ein Netz für eine Attacke in den letzten Stunden der Wahl zu mieten.

Alternativ zu direkten Angriffen durch ein Bot-Netzwerk können Verstärkungstechniken eingesetzt werden, die dafür sorgen, dass bei den Servern das bis zu 200-fache dessen an Datenmenge ankommt, was die angreifenden Maschinen abgesandt haben. Bestimmte Internetprotokolle wie der Namensservice DNS oder der Zeitservice NTP arbeiten mit so genannten UDP-Protokollen, bei denen keine Verbindungen zwischen den Systemen aufgebaut sondern Nachrichten blind an einen Adressaten versandt werden. Ist der Hacker direkt mit dem Internet verbunden (Bot-Netze eignen sich nicht als Angreifer), kann er als Absenderadresse die IP-Adresse eines Servers oder eines Routers angeben und eine Anfrage an einen Server senden, der diesen Betriebsmodus unterstützt, und die Antwort des Servers, die sehr viel länger sein kann als die Anfrage, geht wiederum an den angegriffenen Server oder Router. Der kann zwar mit dem Datenmüll nichts anfangen, da er ihn nicht bestellt hat, aber bei genügend vielen auf diese Weise missbrauchten DNS- oder anderen Servern und Datenmengen von bis zu 300 GB/s gehen selbst Interkontinentalverteiler aus dem Rennen und schalten sich ab.

Wenn man sich diese Techniken anschaut, könnte man den Bedenken der Politik zustimmen und das E-Voting ad acta legen. Meiner Ansicht nach sind solche Angriffsmöglichkeiten aber kein Grund, die Flinte ins Korn zu werfen:

- Die zuletzt genannten Verstärkerangriffe gegen die Inter netinfrastruktur selbst beruhen auf bestimmten Betriebsarten, die von den Internetprotokollen zugelassen werden. Bei einer anderen Konfiguration ist ein Server für solche Angriffe nicht mehr nutzbar. Der Internetbetrieb wird durch verschiedene Maßnahmen zunehmend so geregelt, dass nur korrekt eingestellte Server frei verwendbar sind und andere Server, die dies aus irgendeinem Grund nicht mitmachen wollen, frühzeitig im Netz blockiert werden. Hintergrund für solche Maßnahmen ist, dass die Provider Ziel des Angriffs sind und durch Anwendung bestimmter Geschäftsbedingungen reagieren können und damit das ewige und letztendlich meist unfruchtbare Hickhack der Politik nicht benötigt wird. Verstärkerangriffe haben zwar derzeit eine gewisse Hochkonjunktur, doch bestehen gute Aussichten, gerade diese Angriffsart auf die Dauer in den Griff zu bekommen.

- Bot-Netzwerke werden im Wesentlich für Spam-Versendung genutzt. Da die Spam-Mails durch viele private Rechner versandt werden, ist eine Blockade aufgrund von IP-Adressen nicht möglich, und obwohl das Meiste in den Filtern hängen bleibt oder weg geklickt wird, scheint sich das Geschäft in Summe noch zu lohnen.

Ursache für infizierte Rechner ist der sorglose Umgang vieler Anwender mit elementaren Sicherheitskonzepten und unzureichende Betriebssystemkonzepte. Die Botnetzbetreiber sind kaum in den Griff zu bekommen; selbst Ausheben größerer Kontrollserver bringt nur vorübergehende Besserung. Die Spezialisierung der Botnetze macht sie aber für DDoS-Angriffe weniger geeignet. Für TCP-SYN-Angriffe fehlen meist die notwendigen Rechte, normale TCP-Angriffe mit gehaltener Verbindung machen die Angreifer leicht erkennbar. Auch hier gibt es eine Reihe von Maßnahmen, die mittelfristig die Gefahr merklich verringern können, die aber bislang eher halbherzig durchgeführt werden, da Spam niemandem richtig weh tut und andere Angriffe zu verstreut sind.

• Großangriffe lassen sich nur punktuell durchführen. Ist die Infrastruktur verteilt, werden erfolgreiche Angriffe schwieriger. Angriffe lassen sich nur über relativ kurze Zeiträume aufrecht erhalten. Je länger sie dauern, desto besser können auch Abwehrmaßnahmen greifen. Die anvisierte Wahlperiode ist definitiv zu lang für erfolgreiche Angriffe.

• Anstelle eines Großangriffs auf die Wahlinfrastruktur mag auch ein Angriff auf die Infrastruktur eines Wahlkreises in Frage kommen. Wenn ein Teil der Bürger an der Abgabe der Stimme gehindert wird, stellt das die Wahl möglicherweise auch in Frage. Ich gebe dem allerdings auch nur wenig Chancen, da außer den genannten Problemen für den Angreifer der Wähler eben auch auf andere Wahlmöglichkeiten ausweichen kann.

• Eine wesentliche Frage, die die Skeptiker der E-Voting auch erst einmal beantworten müssen: es muss auch jemanden geben, der ein Interesse hat, eine Wahl zu sabotieren, und obendrein die Mittel, das auch zu tun. Schließlich legt man sich dabei mit dem Staat an und nicht mit einem Privatunternehmen, und der hat wesentlich bessere Möglichkeiten, zurück zu schlagen. Und finanziell ist ein solcher Angriff ein PayOff, denn wo lassen sich Einnahmen generieren?

Um den letzten Punkt noch einmal aufzugreifen: westliche und auch die meisten östlichen Staaten haben sicher kein Interesse an solchen Störaktionen, und wenn Nordkorea auf die Idee kommen würde, macht es das genau einmal und verständigt sich anschließend wieder durch Rauchzeichen mit dem Rest der Welt. Private Organisationen dürften ebenfalls recht wenig Interesse daran haben, weil sie die weitere Entwicklung des Themas E-Voting auf einer einsamen Insel verbringen dürfen und sich dort vom Fischen ernähren müssen.

Zudem gibt eine hoheitliche Aktion wie eine Wahl dem Staat auch ganz andere Möglichkeiten der Reaktion an die Hand. Server und Rechner mit Standort in Deutschland könnten gesetzlich verpflichtet werden, bestimmte Lücken, die für Angriffe verwendet werden können, nicht aufzuweisen. Bußgelder, die fällig werden, wenn man den Sicherheitscheck auslässt und anschließend als Teil eines Angriffs identifiziert wird, wirken vermutlich wie immer erzieherisch.

Kommen wir noch einmal auf die Geräte der Wähler zurück, um die wir uns oben nicht so richtig kümmern wollten. Die Wähler können verpflichtet werden, ihre Geräte durch geeignete Software untersuchen und entwanzen zu lassen, wenn sie am E-Voting teilnehmen wollen. Die Maßnahme ist insofern eine der wirksamsten gegen Botnetze, als Deutschland die weltweite Nr. 3 der verseuchten Privat-PCs nach den USA und China ist. Die Quelle im eigenen Land kann man so weitgehend durch das Interesse an der Demokratie neutralisieren.

Wenn ein Bot-Angriff durch Rechner aus einem anderen Land stattfindet, genügt die in Filmen oft beschworene „nationale Sicherheit" hoffentlich, um bestimmte IP-Adressbereiche oder ganze Leitungen kurzerhand für die Dauer der Wahl zu kappen. Aber das wäre wieder Pragmatismus. Informationszugang für die Bürger abschalten – nur ein geringes Problem, aber Datenleitungen aus anderen Gründen zeitweise blockieren?

Natürlich können immer noch Störungen auftreten, die eine Stimmabgabe in bestimmten Wahlkreisen behindern, aber mit ein bisschen Pragmatismus lassen die sich umschiffen (dummerweise ist Pragmatismus für Juristen und Politiker ein genauso unverständlicher Begriff wie Azobisisobutyronitril für lila Kühe [Anmerkung: das Zeug gibt es wirklich, wie google schnell zeigt]). Die einfachste Lösung ist die Verlängerung der Wahlperiode um einige Stunden, bis die Störung behoben und die Stimmen eingesammelt sind. Die einzigen Geschädigten wären in diesem Fall vermutlich die Medien, deren Wahlrummel bei einer Verzögerung natürlich ins Leere läuft. Damit könnten die meisten Wähler aber vermutlich gut leben.

Alles in allem sollte man es ruhig erst einmal darauf ankommen lassen und vorsichtshalber nur eine Verlängerung des Wahlzeitraums für den Fall der Fälle vorsehen. Es spricht recht wenig dafür, dass tatsächlich jemand eine Wahl ernsthaft sabotieren will und das auch noch erfolgreich umsetzen kann.

Fassen wir zusammen: E-Voting ist

- technisch problemlos unter Einhaltung aller Randbedingungen für eine demokratische Wahl möglich,

- durch PC, Tablet oder Internethandy erheblich bequemer für einen großen Teil der Bevölkerung,

- nicht manipulierbar, da jeder technisch in der Lage ist, die Wahl zu kontrollieren und das Ergebnis nach zu rechnen,

- für den Einzelnen und im Gesamtsystem sicher, wenn man die Grundsätze für OpenSource-Software beachtet,

- kostengünstiger als die derzeitigen Verfahren,

- erheblich flexibler einsetzbar als die derzeitigen Verfahren, und

- mit großer Wahrscheinlichkeit auch keinen nennenswerten Störungen ausgesetzt.

Warum gibt es denn noch kein E-Voting, wenn es doch einige Vorteile aufweist?

Direkte Demokratie

Eine der potentiellen Stärken des E-Voting ist die Möglichkeit, in kurzen Abständen die Wähler über bestimmte Themen abstimmen zu lassen, ohne dass großer Aufwand entsteht. Volksentscheide, von den Politikern mehr gefürchtet als Pest, Typhus und Cholera, wären kein Problem und fast zum Nulltarif zu haben.

Der Einwand der Politik gegen Volksentscheide neben dem für ein Land wie Deutschland viel zu großen Aufwand, wollte man das nach dem bisherigen Wahlmodell organisieren, ist, dass der Wähler, zu Wahlzeiten immer gerne liebevoll gehätschelt und nach der Wahl als Alibi für alle möglichen Entscheidungen herangezogen (egal, welchen Blödsinn sich die Politiker ausdenken, immer ist es der Wähler, der ja so entschieden hat, dass sie genau das tun sollen), intellektuell ja gar nicht in der Lage ist, die jeweiligen Probleme korrekt zu durchschauen und richtig abzustimmen.

In diesem Sinn hat man den meisten Europäern bislang auch eine Abstimmung über Europa verweigert. Es gibt einen europäischen Vertrag, den die Regierungen ausgehandelt haben und der leider in keiner Weise die Anforderung an eine Verfassung erfüllt (textlich viel zu lang, verglichen mit echten Verfassungen, und obendrein die Todesstrafe im Fall des Aufruhrs wieder einführend, wie der Staatsrechtler Karl-Albrecht Schachtschneider nachgewiesen hat), der nirgendwo in der Form legitimiert wurde, in der er Wirkung zeigt/zeigen soll, nämlich als allen Verfassungen der Mitgliedsstaaten übergeordnete Verfassung. Die Parlamente, allen voran das deutsche, überschlagen sich geradezu, alles, was über die EU über uns hereinbricht, brav abzunicken. EU-Recht steht de fakto über dem nationalen Recht einschließlich des Grundgesetzes, ohne dass der Bürger auch nur die Chance gehabt hätte, etwas dazu zu sagen.

In den Fällen, in denen Abstimmungen in einigen Ländern stattfanden, ging das auch prompt schief, weshalb man schnell davon Abstand genommen hat, weitere Abstimmungen zu betreiben. „Es genügt, dass der Bundestag alles abnickt" meinen die Politiker, und das Verfassungsgericht nickt auch das noch brav ab und fragt im Zweifelsfall bei einem übergeordneten europäischen Gerichtshof nach, dessen Legitimierung genauso zweifelhaft ist.

In Irland, wo eine Abstimmung daneben ging, hat man auf das altbewährte demokratische Mittel „es wird so lange abgestimmt, bis das Ergebnis stimmt" zurückgegriffen, in anderen Ländern hält man sich schlicht nicht an das Votum der Bürger, und insgesamt hält man sich noch nicht einmal an die Verträge, wenn es nicht in den Kram passt, wie beispielsweise beim Euro. Gemeinsame Schulden wurden beispielsweise in allen Verträgen kategorisch ausgeschlossen und in allen Folgevereinbarungen einfach eingeführt, wobei die Nase des deutsche Finanzministers, würde er Pinocchio heißen, ohne Probleme als komplettes Raumfahrtprogramm geeignet wäre: morgendliche Aussagen in Interview entpuppten sich nicht selten bereits am Mittag als dreiste Lüge, was ihn aber nicht hinderte, dem Publikum bereits am späten Nachmittag das nächste Ammenmärchen aufzutischen.

Allein das Durcheinander mit dem Euro hat inzwischen dazu geführt, dass man als Deutscher in verschiedenen Ländern, in denen man früher gern gesehener Urlaubsgast war, besser nicht seine Nationalität offenbart, falls man nicht gerade auf eine Prügelei aus ist.

Das Dilemma der Politik zeigt sich am Beispiel der Schweiz, in der seit Jahrhunderten die Volksabstimmung als Korrektiv für die Regierung hervorragend funktioniert. Immer wieder werden Volksbegehren angestrengt, die teils für, teils gegen die Regierungspolitik ausfallen. Obwohl die EU-Politiker bei solchen Gelegenheiten mit Killerphrasen wie Populismus, Ausländerfeindlichkeit oder Stammtischparolen um sich werfen wie das Kölner Dreigestirn am Rosenmontagszug mit Kamelle, zeigt sich bei genauerer Betrachtung in der Regel, dass die Schweizer alles andere als fahrlässig mit ihrer Stimme umgehen.

In der letzten Zeit sind solche Ergebnisse besonders peinlich: die EU ist der Ansicht, kleine Länder wie die Schweiz beliebig erpressen zu können, und die schweizerische Regierung spielt dabei nicht selten mit, ist aber nicht nur einmal durch ein Volksbegehren gestoppt worden. Dabei habe ich nicht so etwas wie Steuervergehen im Auge, sondern eher Volksbegehren wie zum Thema Ausländerpolitik. Auch hier will die EU ihre Vorstellungen der Schweiz aufzwingen, wurde aber durch ein Volksbegehren ausgebremst, dessen Ergebnis in den meisten EU-Ländern mit großer Wahrscheinlichkeit noch wesentlich deutlicher gegen die Regierungspolitik ausfallen würde als in der Schweiz, gäbe es in den EU-Ländern Volksabstimmungen.

Gerade das Signal ist für die EU allerdings fatal: 28 Nationen, von denen man in ca. 25 kaum eine Chance hat, sich mit den Leuten dort zu verständigen, und von mindestens 5 noch nicht einmal die Buchstaben entziffern kann, weil sie eine andere Schrift haben – das kann auf die Dauer nur funktionieren, wenn die Nationalitäten selbst von Innen unterhöhlt werden. Das ist der Hintergrund der

Ausländerpolitik, und sie stößt zunehmen auf Ablehnung. Und nun auch noch Volksabstimmungsergebnisse wie in der Schweiz!

Die EU regt sich also weiter auf und erpresst die Schweiz beispielsweise mit Urteilen der auch nirgendwo verfassungsmäßig verankerten und für die Schweiz schon gar nicht zuständigen EU-Gerichtshöfe, die schweizer Regierung windet sich und sucht Auswege, um der Erpressung nachzugeben, aber sie kommt an den Volksentscheiden nicht vorbei. Im Gegensatz zu Regierungsbeschlüssen und Verträgen, an die man sich bei Bedarf erinnert oder eben auch nicht, was auch gerade besser sein mag, mit Volksentscheiden kann man dieses Spiel nicht treiben.

Hier haben wir den wahren Grund für die Ablehnung von Volksentscheiden durch die Politik: hätte man Volksentscheide wie in der Schweiz, dazu noch ohne Möglichkeit, die Abstimmung wie in Irland eben oft genug zu wiederholen, wenn der Politik das Ergebnis nicht gefällt, könnte sie nicht mehr machen, was sie will, und die EU gäbe es in der heutigen Form mit Sicherheit auch nicht.

Das soll nun nicht so verstanden werden, dass ich hier absolute Ausländer- und EU-Feindlichkeit vertrete. Freizügigkeit in der EU und andere Sachen sind eine feine Sache, aber dass sich die Norweger in ihrem Wasserverbrauch nach süditalienischen Gegebenheiten in Wasserknappheitsgebieten richten sollen und Griechen und Spaniern deutsche Arbeitsmentalität aufgezwungen wird, ist weit so weit neben dem, was sinnvoll ist, dass man die EU besser einstampft, als sie weiter zu betrieben, ganz abgesehen von so wertvollen Papieren wie der 52-seitigen EU-Schnullerkettenverordnung, die wohl nicht weiter kommentiert zu werden brauchen. Und Ausländer sind mir wie den meisten Deutschen herzlich willkommen, wenn sie hier in Frieden leben und arbeiten wollen und unser Wertesystem akzeptieren. Wieso allerdings jeder, der es irgendwie hierhin geschafft hat, Anspruch auf fürstliche Unterstützung hat, nicht zurück geschickt werden kann und selbst nach 30 Jahren immer noch kein Deutsch spricht und daher überall noch einen Dolmetscher gestellt bekommt, von der Akzeptanz unseres Wertesystems ganz zu schweigen, entzieht sich meines Verständnisses, und da bin ich auch längst nicht alleine oder nur im Bund mit irgendwelchen neben der Spur liegenden Rechtsextremen.

Durch Volksentscheide, und könnten diese auch nur angedroht werden, wäre der Politiker in der Freiheit seine Gewissensentscheidung beziehungsweise seiner Freiheit, alles durch zu peitschen, was ein großer Teil der Bevölkerung ablehnt, deutlich einschränkt. Zwar macht die eine oder andere Partei bei Gelegenheit das Fass „Volksabstimmung" auf, aber achten Sie mal drauf: entweder ist man in der Opposition und hat keine Chance, oder man ist in einer Koalition und der Partner spielt nicht mit. Es handelt sich um rein populistischen Stimmenfang im wahrsten Sinne des Wortes.

Argument Nr. 1 gegen Volksentscheide ist der zu treibende Aufwand. Außerdem träte eine Abstimmungsmüdigkeit ein, würde man noch öfter zur Wahl gebeten, so die Politik. Stellen Sie sich aber einmal vor, es gäbe E-Voting und damit die Möglichkeit von Abstimmungen mehr oder weniger zum Nulltarif und bequem von überall her. Das nach Außen hin anscheinend gewichtigste Argument gegen Volksentscheide würde in sich zusammenfallen wie ein Kartenhaus. Gefährliche Situation für die Politik!

Argument Nr. 2 ist, dass der Wähler an sich ja dumm ist und keine Ahnung hat und man ihn deshalb auch nicht abstimmen lassen darf. Da ist was dran, besonders wenn man das Argument einmal auf unsere Volksvertreter anwendet. Die treten nämlich regelmäßig nach Abstimmungen, in denen es um Milliarden geht, vor die Kameras verschiedener Medien und werden überführt, dass sie weniger Ahnung von dem haben, über was sie da gerade abgestimmt haben, als der dümmste Bild-Leser, den man auf der

Straße auftreiben kann. Würde man einen „ich-weiß-um-was-es-geht“-Führerschein für unsere Parlamentarier einführen, würde sich die Belegschaft des hohen Hauses vermutlich schlagartig von 600 auf vielleicht 150 Leute verringern.

Wieder einmal nebenbei bemerkt: wenn die Gefahr besteht, dass selbst die Unbelecktesten nicht mehr mitspielen, gibt es auch Geschäftsordnungstricks, das zu umgehen:

- Man vertrödelt die Zeit in Sitzungen, bis niemand mehr wach ist, etwas bis 0:30 Uhr oder so. Es sind dann auch nur noch ca. 20 Abgeordnete da, und die Presse hat sich inzwischen auch verkrümelt und bekommt auch nichts mehr mit.
- Man eröffnet den betreffenden Sitzungspunkt, gibt die Reden unvorgetragen zu Protokoll und stimmt ab.

Wie das schon erwähnte Portal abgeordnetenwatch.de berichtet, hat in gerade einmal 53 Sekunden der Bundestag auf diese Weise im Juni 2013 ein Auskunftsrecht für Bürger und Journalisten ausgehebelt. Dadurch sollte offenbar verhindert werden, dass ein kritischer Bericht über die Fraktionsfinanzen an die Öffentlichkeit gelangt. Die Nacht- und Nebelaktion war derart gut getarnt, dass sie bis jetzt niemandem auffiel. Unzulässig? Keineswegs! Die Abstimmung eines 600-Personen-Parlaments ist auch bei nur 20 Anwesenden gültig, so lange nicht 5% der Anwesenden oder eine Mehrheit der restlichen Volksverräter .. ääh Vertreter die Beschlussfähigkeit in Frage stellen.

Um der Politik auch einmal zuzustimmen: im Grunde genommen ist das Argument des dummen Wähler gar nicht von der Hand zu weisen. Würden Sie bei einer Herz-OP an Ihnen selbst davon begeistert sein, wenn ein paar Models und Rapper darüber abstimmen dürfen, wo der Schnitt angesetzt wird, oder sollte man da besser einen Arzt fragen?

Gut, das ist jetzt ein bisschen dick aufgetragen. Liegt ein Problem oder eine Aufgabe vor, so fragt man tatsächlich am Besten einen Fachmann nach Lösungsstrategien. Liegen aber verschiedene Lösungsvorschläge vor, so sind die meisten Leute mit ein paar Mindestkenntnissen und einem gewissen Interesse an der Sache erstaunlicherweise in der Lage zu prognostizieren, was funktionieren könnte und was nicht (Politiker funktionieren nicht so, wie weiter oben bereits dargestellt wurde: man fragt grundsätzlich keinen Fachmann [mit eigener Meinung] und kann sich folglich später auch nicht mehr unabhängig von seinen Wünschen und Vorurteilen auf die Sache konzentrieren).

Grundsätzlich könnte man meiner Ansicht nach durchaus einmal überlegen, die Teilnahme am demokratischen System an einen politischen Führerschein des Wählers zu binden: nur wer gewisse Mindestkenntnisse, wie sie in der Schule vermittelt werden, über Staat und Gesellschaft mitbringt, darf wählen. Solch ein Modell wäre nicht neu und wurde bereits bei den Römern praktiziert: jeder freie römische Bürger durfte sich an politischen Vorgängen beteiligen, musste sich aber im Gegenzug an bestimmte Regeln halten. Und dem sicher schnell kommenden Argument der Benachteiligung bestimmter Bürgerschichten bei einem politischen Führerschein ist entgegen zu halten, dass die Dummheit Vieler gerade von den Politikern geschätzt und gerne ausgenutzt wird (zum Beispiel das Wahlrecht für Ausländer: der türkische Imbissbudenbetreiber wird sicher daran interessiert sein, dass in seiner Gemeinde alles rund läuft und daher kaum anders abstimmen als sein deutscher Stammgast, aber in Stadtteilen mit 40% Sozialhilfeempfängern, die sich nicht als Deutsche empfinden und bezeichnen, läuft das auf populistischen Stimmenfang heraus). Was ist verwerflich daran, wenn nur der seine Stimme zu einer Sache abgeben darf, der zumindest rudimentäre Sachkenntnis dazu aufweist?

Nun, das ist zunächst nur ein Denkanstoß, der im Rahmen von Wahlen und ein paar Volksabstimmungen nicht unbedingt umgesetzt werden muss, der aber durchaus seine Berechtigung hat, wenn man ein wesentlich erweitertes Demokratiemodell betrachtet, wie es die Piratenpartei ins Spiel gebracht hat. Die „floating democracy" würde dem Bürger eine mehr oder weniger permanente Mitsprachemöglichkeit bei politischen Entscheidungen bieten und nicht nur sporadisch bei besonders brennenden, wie es bei Volksentscheiden wäre.

In diesem Modell gibt es weiterhin Parteien und Abgeordnete, die Politik als Beruf betreiben, also Gesetze diskutieren und beschließen. Allerdings: die Parteien und Abgeordneten sind gehalten, ihre Positionen zu den aktuellen Themen offen zu legen und diese Positionen auch anschließend in Diskussionen und Abstimmungen zu vertreten. Der Wähler kann in diesem Modell seine Stimme dem Abgeordneten oder der Partei geben, die zu einem gegebenen Thema eine ihm genehme Meinung vertritt, und das für jeden Themenbereich getrennt! Das Gewicht der Stimme bei Abstimmungen richtet sich nach der Zahl der Mandate, die er zu dem Thema bekommen hat, d.h. eine Partei kann zu bestimmten Themen die Mehrheitsmeinung vertreten, zu anderen nicht.

Wahlparolen wie „Damit es vorwärts geht!" oder „Merkel, weil mir schlecht wird!" wären dann nicht mehr möglich, und auch bei nichtssagenden Namensgebungen wie „Bürgerrente" müssten die Beteiligten erst einmal erklären, was sie damit meinen und wo die Unterschiede zu den Argumenten anderer sind. An dem politischen Prozess – der ausgiebigen Diskussion, der Erarbeitung von Feinheiten, Kompromissen – würde sich insofern etwas ändern, als die Qualität stark zunehmen würde: ändert sich eine Position zu einem Thema, was in diesem Prozess ja durchaus passieren kann, hat das sicher Gründe, die genauestens der Klientel präsentiert werden müssen, will die entsprechende Partei nicht als Umfaller auffallen und aus diesem Grund beim nächsten Mal weniger Stimmen erhalten.

Zu überdenken wäre auch die Stärke des Parlaments, das mit demnächst ca. 700 Abgeordneten nach China mit 2.987 Abgeordneten die weltweite Nr. 2 zu werden droht. Der kleine Unterschied ist, dass China auch „nur" ca. 20x so viele Einwohner wie Deutschland aufweist. Wie schon C.N.Parkinson in den 1950er Jahren nachgewiesen hat, sind nur Kommissionen mit bis zu 6 Mitgliedern wirklich arbeitsfähig und bilden ab ca. 10 Mitgliedern mehr oder weniger automatisch Unterkommissionen, um die verloren gegangene Arbeitsfähigkeit wieder herzustellen. In den 1970er Jahren griff ein Thermodynamiker dies wieder auf und wies unter dem Titel „No useful work can be done by a commitee" mathematisch nach, dass bei großen Gruppen tatsächlich nichts Nutzbares als Ergebnis zu erwarten sind. Gut, das ist Satire, aber wie jede Satire auch sehr nahe an der Realität. Ich kann nicht beurteilen, wie viele Arbeitsgruppen in einem Parlament wirklich notwendig sind, aber die derzeitige Stärke deutet eher auf einen Selbstbedienungsladen einer Politkaste, die überdies den Zugang zu den Fleischtöpfen noch sehr genau kontrolliert, hin und weniger auf einen Servicebetrieb für die Bürger. Volksabstimmungen und/oder ein wenig „floating democracy" dürften dem alten Laden wieder ein wenig Schwung in eine andere Richtung verleihen.

Ändern würde sich auch das Regierungssystem: die müsste direkt gewählt werden. Für unsere Parteibonzen, die sich nach angelsächsischem System wählen lassen und dann Exekutive, Legislative und teilweise auch Judikative in sich vereinen, ein absoluter Alptraum, weshalb das auch immer als unmöglich und nicht funktionierend dargestellt wird. Die USA, teilweise Frankreich und weitere Länder zeigen allerdings, dass auch eine vom Parlament unabhängig gewählte Regierung hervorragend funktioniert.

Die Modelle der Piratenpartei gehen teilweise noch weiter und sehen einen fliegenden Wechsel der Wählermandate während des Entscheidungsprozesses vor. Man kann sich hier eine ganze Menge ausdenken, und ein E-Voting-System kann auch fast alles mitmachen. In der Praxis müsste man natürlich vorsichtig vorgehen:

- Der Bürger muss sich seiner Verantwortung auch bewusst sein (→ Führerschein).

- Das System muss stabil und darf nicht täglich wechselnden Einflüssen unterworfen sein.

- Der Meinungsfindungsprozess im (ja immer noch vorhandenen) Parlament muss reibungslos möglich sein.

- Es darf nicht zu einer Überlastung (Wahlmüdigkeit) kommen.

Das Modell der Piratenpartei ist einstweilen als nettes Gedankenspiel zu betrachten, und hätten es die Piraten nicht geschafft, sich durch angewandte Blödheit genauso schnell aus dem Rennen zu schießen, wie sie durch die Unzufriedenheit an den anderen Parteien hinein gekommen sind, könnte man im Kleinen vielleicht etwas mehr über ein solches Modell lernen, wollten die Piraten es doch zunächst innerhalb der Partei ausprobieren.

Aber auch als Gedankenspiel weist es Wege, die ein E-Voting nehmen könnte, würde es realisiert. Ob die Damen und Herren Parteipolitiker erkannt haben, was ihnen und ihren Machenschaften da drohen kann? Einige vielleicht instinktiv, und das schiebt einer Umsetzung eines E-Votings weitere Riegel vor.

Je mehr man mittels E-Voting an Bürgerbeteiligung umsetzen möchte, desto mehr werden die bisherigen Wahlmethoden in den Hintergrund gedrückt, am Ende gar unterdrückt. Unbedingt schlimm wäre das nicht, denn vieles, was vor 20 Jahren noch Stand der Technik war, gibt es heute im Grunde nicht mehr, und kaum jemand vermisst es. Beispielsweise Fotografie: waren von 20 Jahren noch Filme üblich, bei denen jedes Foto aufgrund der Kosten überlegt sein wollte, haben heute viele Leute gar keine

Kamera mehr, sondern benutzen ihr Handy und machen an einem Tag mehr Fotos als früher in einem ganzen Jahr. Fernsehempfang ist heute nur noch digital möglich, und das alte Analogradio hätte es auch schon erwischt, wären da nicht 20 Millionen Autoradios, die sonst nicht mehr funktionieren würden, und die gleiche Anzahl an Radios zu Hause. Und seit dem Ende des Ostblocks sind die vielen Mittelwellen, Kurzwellen und Langwellensender in deutscher Sprache bis auf zwei abgeschaltet worden.

Ein Problem könnte bei einem Übergang zum E-Voting darin bestehen, dass nicht jeder über Geräte für die Teilnahme an einer Wahl oder Kenntnisse über ihre Bedienung verfügt, eine Aussage, die überwiegend auf ältere Leute zutrifft. Aber auch da entspannt sich die Situation anscheinend, und man kann bereits heute weitgehend das Präteritum „zutraf" verwenden. Selbst viele ältere Bürger über 80 haben die Vorzüge des PC und des Internets entdeckt, wenn auch nicht so extensiv wie die Jugend, und ein internetfähiges Handy mit TouchScreen hat vielfach auch in der alten Generation das Telefon mit übergroßen Nummerntasten abgelöst (Snobs verwenden ohnehin ein Telefon mit Wählscheibe, wobei das Impulswählverfahren aber nur noch bei Uraltanschlüssen oder einigen wenigen Telefonanlagen funktioniert).

Es gibt also gute Gründe, davon auszugehen, dass bei einem Übergang zum E-Voting die Zahl derjenigen, die nicht können oder nicht wollen, kaum wesentlich höher liegt als die Zahl derjenigen, die auch heute schon auf die Briefwahl angewiesen sind. Das wäre ein behebbares Problem, dem man beispielsweise mit mobilen Wahlstationen ähnlich den Terminals, die von Paketboten oder Stromablesern herum getragen werden, beikommen könnte. Bei solchen kleinen Dienstleistungen findet man vermutlich auch genügend freiwillige Helfer, die hier ehrenamtlich einspringen.

Fassen wir zusammen: E-Voting funktioniert, die Wahrscheinlichkeit von Störungen ist als gering einzustufen, Sicherheit und Korrektheit sind sehr hoch, eine Ablösung der alten Wahlverfahren voraussichtlich problemlos und die Möglichkeiten stark ausbaufähig. Die Demokratie hätte durch erzwungene Qualität nur zu gewinnen, die Politiker als Machthaber nur zu verlieren. Also wird es E-Voting in absehbarer Zeit nicht geben.

Andere Werke des Verfassers:

NSA, BND & Co.

Die   Möglichkeiten   der   Geheimdienste: Technik,   Auswertung,
Gegenmaßnahmen

Introduction to Computer Science (Einführung in die Informatik)

A Textbook for Beginners in Informatics

Der sichere Webserver und seine Umgebung

Aufsetzen, Programmieren und Testen: ein Trainings-, übungs- und Ideenbuch
für den Administrator, Programmierer und den, der es werden will

Verschlüsselung, Signaturen, Angriffsmethoden

Das C++ Kompendium

Einführung in die Quanteninformatik

IT - Sicherheit 1.5

www.ingramcontent.com/pod-product-compliance
Lightning Source LLC
Chambersburg PA
CBHW061020050326
40689CB00012B/2695